組織の社会技術――4

内部告発のマネジメント

コンプライアンスの社会技術

著◉岡本浩一・王　晋民・本多-ハワード素子

新曜社

まえがき

内部告発というのは、なかなか評価の難しい微妙な問題である。

内部告発は、現代社会でしばしば大きな役割を果たしている。原発のシュラウド検査報告隠蔽事例は、検査を受注していたアメリカ企業の検査技師から通産省（当時）へ内部告発の手紙が来たのが発見のきっかけであったし、和牛偽装事例も、冷蔵会社の社長の新聞社に対する内部告発がきっかけとなった。

他に、表だっては、検察や国税、規制当局が掘り起こしたとされている事例でも、実際には、内部告発が端緒となったり証拠となった事例がかなりあるのではないかと考えられる。

このように、表に出てこないものまで含めれば、内部告発が現代社会で果たしている重要度は決して看過できないはずである。

組織の反社会的行動がある程度長期間継続し、しかも、それにトップの承認や黙認、隠蔽などがあると、内部告発がないかぎり、モラルハザードは行き着くところまで行ってしまう。その例のひとつがＪＣＯ事故である。ＪＣＯでは、臨界保安基準に違反した危険な工程変更が規制当局に隠して遅くとも１９９３年には行われていた。事故が起こった９９年までの間、工程変更が繰り返され、違反度、危険度はそのたびに増大していた。適切な時期に内部告発などがあれば、事故が起こらずに済んだ可能性もあると感じられる。

しかし、見方を変えれば、内部告発は一種の裏切りである。

自分が所属し、糧を与えられ、忠誠を感じているべき組織に対しての裏切りという側面がある。検察や政府の規制当局にあてて発信するものであれ、直属の課長補佐のアタマを超えて課長や部長にあてて発信するものであれ、少なくとも、その通信がアタマを超した人との信頼を裏切る行為になることは間違いない。

鳥瞰すれば、内部告発とは、集団規範と社会規範（倫理規範）が違背するところに生じる葛藤下の行為なのである。組織の利益や便宜を目指す行為が、より大きな社会の規範と違背している。シュラウド傷を告発した技師にとっては、電力会社からの陳情に応じて、検査報告書から傷の記載を除外したほうが会社にとって有利だが、それが社会規範にとっては非倫理的であるという葛藤があったわけであるし、和牛偽装の場合には、偽装に目をつむればこれからも仕事がとれるが、それが反社会的であるという葛藤があったわけである。

この種の葛藤は、個人の自我を押しつぶしかねないほど強い。状況が二つの規範間の葛藤であることが見えず、葛藤に立たされた人が深い罪悪感に苦しむことも多い。やむにやまれぬ行動であることが一応周囲に理解されても、組織や同僚を裏切る傾向のある人だと見られる危惧があり、その危惧がしばしば現実となる。本人も、「自分は裏切り者だ」との認識に苦しむことが、事前にも事後にも多いのが実の姿である。

現在、多くの組織で、コンプライアンスの問題が検討されている。種々の規程のひな型が作られており、内部申告（以下本書では、第2章で述べる理由から、内部告発ではなく、主として内部申告と表記する）の保護規定も作成されている。そこには、コンプライアンスの一環として内部申告が可能な環境を整備する必要があるという法的意図がある。

しかしながら、法的整備だけで十分なわけではない。それは、内部申告という行動が、既述のように、切実な葛藤下で行われる葛藤であるということ、そして、その葛藤は、たんに行動結果の利益・不利益だけでなく、同僚の友情や場合によっては家族からの信頼までも巻き込む大規模な社会心理学的行動だからである。

内部申告（告発）についての書物は、幸い、ある程度出版されるようになった。しかしそれらの大部分は、特定の事例についてのルポであり、あとは、法的観点から論点を整理したものが若干あるにすぎない。

本書は、内部申告を社会心理学の観点から論じた、本邦初めての書物である。一般にはあまり知られていないが、内部申告についての学術研究はかなり蓄積がある。しかしその蓄積の大半が経営学領域で行われている。それらの研究者は従来から、社会心理学的概念を援用していたが、援用のしかたが十分でないきらいがあった。社会技術研究を開始するにあたり、私どもは彼らの研究をよく検討し、内部申告を社会心理学で記述しなおす努力をし、その結果、従来の社会心理学の概念でかなり過不足ない記述が可能であることがわかった。本書は、先行研究の知見をまとめながらも、この新しい概念枠組を提示し、内部申告というやや特殊な行動を社会心理学的にきちんと理解する筋道をお示ししている。そしてさらに、私どもが、社会技術研究の一環として新たに行った調査研究による新しい知見をも開陳している。目次を一目ご覧いただくだけで、本書の視点の新しさと重要さはただちにご了解いただけるのではないかと思っている。

本書をご一読いただければ、内部申告という問題が、じつは、人間という社会的動物にとっては、古くて新しい問題であるということが実感していただけると考えている。古くて新しい問題であるがゆえに、社会心理学的概念できちんとすわりのよい議論ができるわけであり、それを分析する切り口も、社会心理学が豊富にそなえているわけである。そして、それが、社会心理学的概念で記述可能であるがゆえに、法的措置以外の環境要因や特性要因を通じて、マネジメントの対象とすることが可能であるわけである。

目次

第3章　内部申告の実証研究　17

第4章　内部申告に関連する要因　89

図表リスト

装幀＝加藤俊二

第1章　現代社会と内部申告

◆内部申告というジレンマ

通勤電車の吊り広告に、「○○社を内部告発する」という雑誌記事のタイトルをしばしば見かけるようになった。数年前には、内部申告によって大企業が解散した例もある。２００６年度からの公益通報者保護法施行が不十分だという議論もよくきこえる。

内部申告が社会で注目を浴びる中で、最近、深く考えさせられたケースが二つあった。

一つは、トナミ運輸の談合を内部申告した社員の勝訴である。彼は、ほぼ30年間、閑職に置かれた。脅されても戦い続けた。そして、２００１年に、損害賠償と謝罪を求めた裁判を起こした。裁判所の和解勧告も拒否して戦った結果、２００５年2月に、「内部申告により公益がもたらされ」「閑職におかれたことは報復措置であった」ことが認められて、会社側に１３６０万円の支払いを命じた勝訴に至った。その後、和解も成立した。

30年間の戦いは尋常なものではなかっただろう。はたしてこの勝訴で、決着がついたのだろうか。内部申告によって、結局、談合はなくなったのだろうか。得られたものと失われたものは、日本社会、会社、そして申告者本人にとって何だったのだろうか。他に選択の道はなかったのだろうか。

もう一つは、アメリカのウォーターゲート事件を暴くきっかけになった内部申告者、ディープ・スロートが、家族の説得を受けて、「あれは自分だった」と、30年後の2005年5月、『バニティーフェア』誌上で素性を明かした事件である。

ディープ・スロートというニックネームで呼ばれていた人物の正体は、当時、FBIのナンバー2だったマーク・フェルトであった。重職にあった彼は、昔からの個人的な知り合いである『ワシントン・ポスト』の記者ボブ・ウッドワードに、ウォーターゲート事件捜査に関する重要な情報を漏洩した。フェルトは匿名にこだわり、自分であることがわからないよう細心の注意を払い（Woodward 2005）、死ぬまで明かすつもりはなかった（Vanity Fair 2005）。

フェルトの行為については評価が分かれている。「国家を救ったヒーロー」と呼ぶ人がいる一方で、「法的手段をとるなど、他の選択肢があったろう、国家機密を漏洩した裏切り行為だ」という人もいる。なぜ彼が申告に至ったのかなどについての詳しい内容は彼の心のなかにのみあり、闇の中である。

しかし、このケースからは、たとえFBIのナンバー2という地位の高さにあっても、違法行為をやめさせることが並大抵ではなかったということがわかる。相手が大統領だったということもあるだろう。あるいは、個人対組織・システムの戦いの厳しさによるものでもあるだろう。

彼らの人生は、申告によって大きく変わった。なぜならば、内部申告は、申告者にとって「人生をかけた最終手段」である（POGO GAP & PEER 2002）。組織的不正が内部申告によって明るみに出るケースが増えてくると、社会も変わり、内部申告がもっと普通なものとして扱われるようになっていくのだろうか。いや、内部申告は、決して「普通のこと」にはならないであろう。申告者自身も、申告という行為がよかったのか、悪かったのか、では他にどうすればよかったのかという深刻な葛藤に悩み続ける。匿名の申告で、裏切り者捜しの対象になったり、他の過去をほじくりだされたり、困難な目にあう人も多い。実際に、内部申告と命を引き換えにしたカレン・シルクウッドや、危うく命を落としそうになったフランク・セルピコもいる。家族を失った人も多い（Alford 2001）。

内部申告が人生をかける熾烈な戦いであるとすれば、黙認を選択することがよいのだろうか。申告者は社会で厳しく扱われるのだから、われわれは、違法行為があっても黙って見過ごし、何もしなくていいのだろうか。

これまで、組織そして社会の一員であるわれわれは、自分たちでしなければならないことを人まかせにしてきたのではないだろうか。本来であれば、組織、そしてわれわれ一人ひとりが作る社会が、不正・違反を当然のリスクとして予測し、それに対するきちんとした仕組みを作っておく必要があった。その仕組みによって、自らの不正を正し、方向修正をしていかなければならなかったはずである。それを怠り、不正を見過ごせない人たちの申告に頼ってきたのではないだろうか。

不正の申告がおきれば、「そのような不正が起きるなんて本当に稀なことだ、知らなかった」として、トップが退陣して責任をとった「形」にしてことをおさめる。ひどい場合には、内部申告者を「裏切り者」として差別や報復が行われる。

このようなことが続く限り、組織、社会は変わらないだろう。まず、組織、社会が、内部申告者の意見を受け止めて話をきくこと、そして、その問題を見極め、解決し、さらに、申告者に対してきちんとした保護を提供する制度を整える必要がある。

内部申告が話題に上るとき、よくきかれるのは、正義か、裏切りか、という議論である（Near & Miceli 1987）。しかし内部申告は、善悪の判断だけで片付けられる問題ではない。すべてのケースはそれぞれ異なる側面をもっている。申告の理由、プロセス、結果において評価も異なるであろう。そして、その評価には、社会、すなわちわれわれの主観が大きく影響しているのである。そのために、まず、内部申告についてよく知り、単純な価値判断を避けて、議論を深める必要があると考える。

内部申告の奨励を主張するわけではない。まず、内部申告の難しさや内部申告の現実を理解する。そして、組織の中で働く人たちの現実を考え、申告者のそれからの人生について、慎重に考えた仕組みを作る。組織は不正をいつでも起こりうるリスクとする前提に立ち、申告に対する対応をする。組織内に申告があったら、どうするべきか、もしも組織外に申告があったらどうするか、その対応を決めておく。どのようなことを不正に対する正当な内部申告とするかについても、定めておく必要がある。そして、われわれは、内部申告を他人事と思わず、きちんと見る、考える、そして、内部申告に対してどのような社会の仕組みが重要なのかをきちんと吟味して、作っていく責任がある。

そのためには、まず、これまで内部申告がどのように取り上げられてきたか、実際はどうなのかを知る必要がある。著者らはみな心理学者であるために、心理学的観点から、これまでの内部申告をレビューし、さらに、研究を進めてきた。

この本はその知見についてまとめたものである。

◆本書の構成

以下第2章には、内部申告の定義をまとめた。一般に使われる内部申告という言葉の意味、倫理学の立場と、実証研究の立場では内部申告の定義が異なっている。そして、ここでは内部申告をどのように捉えているかについて説明した。

第3章には、内部申告の実証的研究をまとめた。欧米の研究が中心であるが、内部申告の研究は現在も数は少ないといっても継続して検討されている。それらの知見には、これからの研究や、実際の社会システムを作るときの重要なヒントが隠されている。

第4章には、内部申告に関連する要因をまとめた。内部申告というと、申告をした個人に焦点があたる。そのため、個人特性との関連が多く検討されている。しかし、個人特性の中でもデモグラフィック（人口統計学的）要因は、他の要因に比べて関連がうすいという近年の結果もある（Rothschild & Miethe 1999）。そこで、個人の態度や行動、認知に大きな影響を与えると思われる社会的状況の力、そして、組織に対する態度や組織要因としての風土についても考察した。

第5章には、２００３年度に実施した内部申告に関する私どもの社会心理学調査の結果をまとめた。この調査は、主として、公益通報者保護法が施行される前に、内部申告に対する態度や、内部申告者に対する態度の実態をより深く把握するために行われたものである。調査は、社会技術研究開発センターの社会心理学研究グループが企画し、実施した。その一部を紹介するとともに、結果を踏まえて組織に求められる実際のシステムの提案、そして、今後の研究展望についても述べた。この調査からは、多くの結果が得られ、この本に述べられなかった結果の一部は学会発表や論文として報告されている。さらに結果を分析し、まとめているところでもある。

第6章には、これから内部申告をどのように考えていくのかについて述べて、まとめとする。

ここで述べられている情報が伝わることで、内部申告に対する関心が高まり、その矛盾した性質や、難しさについて理解が深まること、そして、内部申告についての議論がさらに深まることをのぞんでいる。

第2章　内部申告とは何か

◆内部申告の定義

内部申告は、一般にいままで内部告発といわれてきた。法律では公益通報という用語で説明されている（表2-1）。しかし、既存の内部申告に関する多くの研究は法的な定義に則らない。ここで、内部申告あるいは内部告発の一般的な定義をみてみよう。

「内部告発」や「内部申告」という言葉は、広辞苑（第5版）には記載されていない。その代わりに、「告発」「申告」の項がある。「告発」は、「隠された不正や悪事をあばいて世の中に知らせること。〔法〕被害者その他告訴権者以外の第三者が捜査機関に対して犯罪事実を申告し、その犯人の処罰を求めること。」である。一方、「申告」は、「国民が法律上の義務として、行政官庁に一定の事実を申し出ること」である。

この定義からすると、内部申告（内部告発）という用語は、一般的に次のように使われると言えよ

表2-1　公益通報者保護法第二条の「公益通報」の定義（下線は著者による）

この法律において「公益通報」とは、労働者（労働基準法（昭和二十二年法律第四十九号）第九条に規定する労働者をいう。以下同じ。）が、不正の利益を得る目的、他人に損害を加える目的その他の不正の目的でなく、その労務提供先（次のいずれかに掲げる事業者（法人その他の団体及び事業を行う個人をいう。以下同じ。）をいう。以下同じ。）又は当該労務提供先の事業に従事する場合におけるその役員、従業員、代理人その他の者について通報対象事実が生じ、又はまさに生じようとしている旨を、当該労務提供先若しくは当該労務提供先があらかじめ定めた者（以下「労務提供先等」という。）、当該通報対象事実について処分（命令、取消しその他公権力の行使に当たる行為をいう。以下同じ。）若しくは勧告等（勧告その他処分に当たらない行為をいう。以下同じ。）をする権限を有する行政機関又はその者に対し当該通報対象事実を通報することがその発生若しくはこれによる被害の拡大を防止するために必要であると認められる者（当該通報対象事実により被害を受け又は受けるおそれがある者を含み、当該労務提供先の競争上の地位その他正当な利益を害するおそれがある者を除く。次条第三号において同じ。）に通報することをいう。

う。つまり、「組織、たとえば企業に所属する人間が、社会一般、あるいは消費者にとって害を与えるような、もしくは違法な企業行為を、政府機関、新聞、その他のメディアに通報すること」である。

英語圏では、内部申告（内部告発）をホイッスル・ブローイング（whistle-blowing）、また、内部申告者（内部告発者）はホイッスル・ブローアー（whistle-blower）と表現することが多い。「告発」の意味が加わると、秘密や悪事を暴くことが強調されるようにみえる。一方で、「申告」は、社会や組織の一員として、当然のこととして報告するという、やや中立的な意味合いになる。

倫理的立場からの内部申告の定義

日本国内で近年出版された、工学倫理関連の著書は、ホイッスル・ブローイングの逐語訳

「警笛鳴らし」を使っていることが多い。その理由を奥田（2002）は、ネガティブなイメージの強い「内部告発」という語をあえて避けることによって、従来の密告や垂れ込みと区別して、ニュートラルに捉えたいという意図があると推測している。しかし、ホイッスル・ブローイングという言葉自体にも、悪徳行為の「裏切り」から、正義のための「告発」まで意味があり、「警笛鳴らし」というポジティブな言葉も適切ではないと指摘し、結論として、カタカナ表記の「ホイッスル・ブローイング」の採用が勧められるとしている。

同じように、技術者や経営の倫理の立場をとる杉本・高城（2001）は、次のように指摘する。「内部告発」は密告であって、新聞社や監督官庁への匿名の通報である。それに対して、ホイッスル・ブローイング（＝警笛鳴らし）は、実名での通報である。実名なので、会社に知られて不利益な扱いを受ける可能性が大きい。それにもかかわらず、名乗って通報するのがホイッスル・ブローイングである。実名のホイッスル・ブローイングは大いに行うべきであるが、匿名の内部告発は、組織内の信頼関係が崩れてしまうので、行うべきではないという主張である。以下、「内部告発」という用語に伴う「裏切り」や「秘密を暴く」「悪事を暴く」という既成のイメージや、その背景にある価値判断の議論を避けるためにも「内部申告」に統一する。

企業倫理の立場の、デ・ジョージ（De George 1999）の内部申告の定義は、企業に所属する人間が、「一般社会あるいは企業製品の消費者にとって害のある、あるいは違法な企業内部の行為、条件などを、政府機関、新聞社、その他のメディアなどに通報すること」であるとする。ここでは、企業内部での通報が含まれず、企業外部への通報だけが問題となっている。

内部申告の倫理的動機を強調しているボートライト（Boatright 1993）は、個人利益などによる申告を定義から除外している。「ある組織のメンバー、あるいはかつてのメンバーが、その組織の違法行為や、非倫理的行為、あるいは公共の利益に著しく反する組織行動について、適切な聴衆に対して、今まで公開されていない情報を、倫理上の抗議として、通常のコミュニケーション・チャンネルを利用せずに、自発的に開示することである」。ここでは、通常のコミュニケーション・チャンネルを使用しないことが強調されているため、直属の上司や、規則に規定された担当者・部署への通報は、内部申告から除外される。それゆえに、外部への通報がメインになると考えられる。

一方、ジャブ（Jubb 1999）は、内部申告を定義する三つの側面を指摘している。つまり、内部申告の動機を考慮するか否か、職権によって情報を開示できる場合を含めるか否か、そして、通報先に組織内部を含めるか否か、の三つである。これらの側面により、内部申告の定義は異なってくる。

実態および実証研究における内部申告の定義

倫理的立場からの立場とは別に、組織内部での通報と、組織外部への通報を同時に含めてホイッスル・ブローイングを定義する研究者もいる。アメリカの研究者、インディアナ大学のニイア教授とジョージタウン大学のミセリ教授は、１９８０年代から内部申告について精力的に研究しているが、彼女たちの内部申告の定義は次のようである（Near & Miceli 1985）。「違法・非道徳的・規則に反する行為に関する情報を、その行為を制止できる個人や組織に開示すること」。通報先に関する制限はない。ニイアとミセリは、定義における注意点として、次の3点を挙げている。

①まず、にせ内部申告者（faux whistle-blowers）を除外すること。このような人は、たとえば、不正行為について、同僚、家族、友人に話すことがあるが、この行為を制止できる人には通報しない。あるいは、不正行為をやめさせようとするが、それは自分がそのやり方を気に入らないためであって、規則違反や法律違反、あるいは倫理的に問題があるから、という理由ではない。

②不正行為について、不正行為を行った者と直接話した結果、不正行為が中止された場合、それは内部申告ではない。つまり、当局に通報していないからである。しかし、不正行為者と直接話をする人は、傍観者ではない。

③直属の上司への通報も、内部申告である。直属の上司への通報は、日常的に行われているため、通報する側も、通報を受けた側も、「内部申告」という意識がないかもしれない。また、直属上司は、特に、通報された不正行為について自分が責任を持つ場合、通報を無視したり、反対することもありうる。したがって、直属上司への通報は、別のタイプのホイッスル・ブローイングであり、異なる定義が必要かもしれない。

多くの内部申告の研究論文では、このミセリらの定義がよく取り上げられて使われている。そこで、以下に、少し詳しく説明しよう。

まず、申告者だが、これは、組織成員あるいは元組織成員である。志願者も含まれるという記述もあるが（Miceli & Near 1985; Miceli et al. 1991）、実際に志願者の内部申告について検討した研究は見当たらない。組織のメンバーが自組織の不正を申告するという考え方が一般的なようである。

ミセリらの考えでは、内外の区別よりも、申告先が不正を起こしている組織に対して何らかの影響力がある（あるいは、申告者が、この相手なら不正に対して何とかしてくれるだろうと予想するだけでよい）ことが重要である（Near & Miceli 1985; 1987; Miceli & Near 1997）。申告者は、不正を目撃あるいは経験しても、権限・影響力において欠けているために、不正をやめさせることができない。そのために、自分よりもパワーのある第三者にアピールする必要がある、という考え方である（Near & Miceli 1987）。

多くの内部申告の定義が、申告先の内部と外部の扱いにおいて見解の相違をみせ、外部限定の意見もあるなか（たとえば宮本 2002; Furnham & Taylor 2004）、ミセリらが申告先の内外を区別しない根拠は以下の三点である。第一に、内部への申告も、外部への申告も、目的は不正を止めることにあり、行動の核が異議を唱えるための発言であることに相違はない。第二に、実際の内部申告では、外部へ申告した人は内部にも申告していることが多い。また、申告先が異なっていても、不正の内容や、報復などに関して類似点が多い。第三に、申告先を限定し、定義を区別する意義を説明し、確認するための要因が、実証的に示されていない。

このようなミセリらの定義の特徴として、以下のような点が挙げられるだろう。まず、内部申告について、①限定事項を少なくして広義に捉えている。また、②「申告者」と「不正などによって申告を受ける人あるいは組織（申告対象）」、そして、「申告者が情報を開示する先（申告先）」の三者関係により成立するダイナミックなプロセスと見ている（Near & Miceli 1996）。③内部申告行動の核には、異議を表明する意味でのヴォイス（Hirschman 1970）がある（Miceli & Near 1992）。④内部申告は、一時点の事象ではなく、段階的なプロセスである（Miceli & Near 1992）。

◆内部申告の複雑化

実際の内部申告は、もっと複雑化している。

伝統とネームバリューのある三菱自動車の組織的リコール隠蔽は、従業員が匿名で運輸省（当時）に申告して明るみに出た。トナミ運輸の談合に対する内部申告は、実名従業員による内部と外部への申告である。雪印の牛肉偽装事件は、取引先の倉庫会社社長が実名で申告をして明るみになった。東電の検査結果隠蔽は、当初、取引先のＧＥＩＩの社員による匿名申告であったが、後に実名が出た。

また、組織が、自組織と利益供与関係にある他組織の不正を申告した場合も、内部申告と同義と考えるべきだとする意見もある（Johnson et al. 2004）。これは、アメリカのファーゴにあるメリットケア社のエコー心電図検査技師が、ダイエット薬のフェン‐フェン（fen-phen）によって心臓弁疾患が引き起こされる事実をみつけて、データをメイヨー・クリニックと共同で発表し、結果としてフェン‐フェンを製造していたアメリカン・ホーム・プロダクツを申告したケースを取り上げた研究である。メリットケアが自組織より大きく力のあるメイヨー・クリニックに協力を要請したのは、アメリカン・ホーム・プロダクツからの法的報復を恐れたためである。近年、組織は、ビジネスの利益供与ネットワークの一員として機能しているので、協力関係にある他組織を申告した場合も、ビジネスネットワークという、広義の内集団からの報復が予測されるため、内部申告と同義であるという主張である。

このように、内部申告の定義を、「個人と組織」の関係から、「集団間」関係も含めてみると、実際に、雪印を申告した西宮冷蔵のようなケースもある。現在問題になっている建築物の構造偽造事件も、広く考えれば建築業界内の内部申告と見ることもできる。

組織と雇用関係にあり、その力関係で劣る従業員による申告が、組織間の申告と同義だと捉えるのは乱暴であろう。しかし、定義をさまざまな側面から見直す必要があるということがわかる。

◆本書では内部申告をどのようにとらえるか

以上のように、内部申告の定義は、研究者によって強調される側面や、定義の範囲も異なる。ことに、匿名か実名か、組織内部での通報か、組織外部への通報か、によって、意見が異なる。

しかし、これらは定義に対立をもたらすものではなく、実は、状況や、通報段階の相違を現すものとも考えられる。内部申告の多くは、最初、内部での通報や異議の表明である。それによる改善が見られない場合に、組織外部への通報に発展すると考えられる。また、当初は匿名の通報であったが、その後、名前が特定できるようになったということも十分にある。

そこで、ここでは、内部申告を組織の成員（現在あるいは過去の）による、違法行為・倫理に反する行為を影響力をもつと思われる第三者に通報すること、と見る。すなわち、実証研究の立場にたった、ミセリらの定義に準拠する。

すなわち、匿名・実名と関係なく、また、申告先も内部・外部両方を含む。組織内の上司や担当部署への通報・報告、組織トップへの直訴、そして、組織外部の監督官庁、司法当局、マスコミへの通報を合わせて内部申告と呼ぶ。

特に区別する必要がある場合には、「実名による通報（申告）」「匿名による通報（申告）」、「組織内部での通報（申告）」、「組織外部への通報（申告）」というように表現する。

第3章　内部申告の実証研究

◆内部申告をする人は特別な人か

ある程度大きな不正については、それを見知っている人が複数いるものである。同じ問題を知悉している人でも、内部申告をする人としない人がいる。その差はどこから来るのだろうか。もっと具体的に言えば、同じ問題を見聞した人のうち、実際に内部申告をする人は、パーソナリティ特性や価値観において何か特徴をもっているのだろうか。

まず、報道された事例からそのような手がかりを探ってみよう。

雪印食品の牛肉偽装では、それをマスコミに申告した西宮冷蔵社長の水谷洋一氏の人となりについて、ジャーナリストの野村旗守氏（野村 2003）が申告の経緯とともに説明している。それによれば、水谷社長は、最初、申告する意志はまったくなかったという。雪印食品の疑惑を掴んだ朝日新聞の記者が西宮冷蔵へ確認してきたが、水谷氏は当初は雪印を庇った。その後、二回にわたって雪印食品関西ミートセンターの営業次長やセンター長に電話をかけ、牛肉の偽装が隠せないから、早めに不正に請求した補助金を返却したほうがいいと勧めたらしい。しかし、雪印食品側はそれを聞き入れなかった。水谷氏が最終的に申告に踏み切る決心をしたきっかけは、雪印食品関西ミートセンター長からの一本の電話だったという。

その電話は関西ミートセンター長から水谷氏のところへ、２００２年1月17日にかかってきた。特にそれといった用事はなく、7年前の同じ日に起こった阪神淡路大震災についての話だった。大震災のおり、雪印食品は西宮冷蔵を支援していた。偶然かどうか不明だが、その日は国が買い上げた国産牛肉の焼却処分を開始する日であった。

水谷氏はこの電話を、センター長が自らの犯罪行為を誇示しているように感じたという。関西ミートセンターの牛肉偽装の証拠がこの焼却処分によってなくなるから、もう心配する必要がないという文脈があったからである。そこで、水谷氏は激怒した。マスコミに申告することに心が傾き、最終的に申告に踏み切ったのである。

野村が引用している水谷氏の次の言葉から、人物像が少しうかがえる。

「いつだってそうなんですが、私は物事を大きく左右するような大きな決断をするときには、いっさい他人に相談しません。親父だろうが弟だろうが、誰にもです。これは私の哲学みたいなもんで、一人でじっと瞑想の世界に入るんです。そのときもそうでした。そして、じぶんで決めたことは絶対に曲げない。完全なワンマン、唯我独尊です。」

内部申告者も、その多くは、最初から申告したいという人ではない。水谷氏もそうである。当初は、組織の自浄能力によって、不正を対処してほしいと願うのがふつうである。しかし、状況が進むにつれ、悪いことに対して妥協しないという使命感が沸いてくるようである。その過程に、その人のパーソナリティや、置かれた状況が影響するのである。

もう一つの事例として、２００２年、アメリカの『タイム』誌の年末恒例の「パーソンズ・オブ・ザ・イヤー」に選ばれた、内部申告した３人の女性を見てみよう。この３人、ＦＢＩの特別捜査官のローリー氏、ワールドコムの内部監査担当幹部のクーパー氏、エンロンの財務担当幹部のワトキンズ氏について、同誌は、以下のように紹介している。

「３人とも共通して、普通の人である。そして３人とも田舎出身である。ローリー氏はアイオワ州、クーパー氏はミシシッピ州、ワトキンズ氏はテキサス州のそれぞれ小さな田舎町の出身で、さらに３人とも比較的貧しい家庭で第一子として育ち、キリスト教徒である点が共通している。また、３人とも、家計を支える大黒柱である（うち２人の夫が無職である）。」

「女性であったことが、内部申告という行動に踏み切ったことと関連しているか」と尋ねられて、３人とも「自分が男性であっても同じことをしたでしょう」と答えて、性別による影響を否定している。また、３人ともに、組織内部で申告をし、マスコミへの申告など、考えていなかったという。そのうち２人は「ホイッスル・ブローアー」という言葉を嫌っているという。

しかし、このような、内部申告者の事例のみから、共通した特徴を判断することはできない。それぞれのケースを見聞きした人の、「内部申告者とはこんな人ではないか」という主観的判断で、歪んだレッテルが貼られてしまうこともある。

そこで、内部申告する傾向、あるいは内部申告という行動に対する態度（価値判断）と相関する特性や、心理的傾向をシステマティックに検討することが必要になる。

さらに、内部申告は、個人特性だけでは説明しきれない、さまざまな要因の影響を受けている。たとえば、申告が職務権限に含まれている人と、そうでない人のどちらが内部申告しやすいだろうか。組織に対するコミットメントが高い人と低い人では、どちらが内部申告するだろうか。あるいは、組織の風土や、大きさなど、組織の特性の影響はどうだろうか。

これらのさまざまな要因と、内部申告行動あるいは、行動傾向との関連については、社会調査や実験研究により検討が行われている。いくつかの代表的な研究を紹介しよう。

◆アメリカの連邦公務員の内部申告に関する研究

内部申告が報道されると、その時点までに不正行為を知っていた人は複数いたのに、なぜその特定の人だけが申告に踏み切ったかということに関心がもたれる。

内部申告をした後は、組織や当事者からの反発や報復の可能性がある。したがって、申告という行動に最終的に踏み切ることには、相当な心理的抵抗があるのがふつうだ。論理的に推論すれば、内部申告をする人の共通する特徴の中に、その心理的抵抗を克服し得るという点があると考えられる。

アメリカでは、１９８０年代から内部申告に関してデータを収集し、研究が行われていた。１９７８年に、公務サービス改革法（Civil Service Reform Act of 1978, CSRA）が制定され、この法によってメリットシステム保護委員会（Merit Systems Protection Board, MSPB）が設立された。この委員会の目的の一つは、連邦政府の公務員が不正な組織管理を受けないことを保証することである。同委員会は、内部申告をした公務員の保護を業務の一部として行っている。また、この委員会は連邦公務員に対して数回の大規模な調査を行った。この調査データを利用して内部申告に関する研究が行われた。たとえば、ミセリら（Miceli & Near 1988）は、同委員会の１９８３年の調査データに基づく分析を公にしている。ミセリの分析から、主要な知見をまとめてみよう。

この調査はアメリカ連邦政府の22の省庁職員を対象とした質問紙調査である。調査対象となった勤務先省庁の規模は５０００人程度から約39万人まで多様である。調査時点での組織の設立年数もさまざまで、業務内容も、軍事関係から教育、財務、交通など広範囲にわたっている。調査対象者は、公務員名簿からランダムに選ばれたが、中間管理職とトップ管理職層が多くなるサンプリング方法が用いられた。質問紙配布数７８６１名で、４８９７名の有効回答が得られている。

ミセリらの研究では、まず回答者に対して、「過去1年間、あなた自身がご自分の職場で違法行為や無駄遣いを直接見たり、不正の証拠を知ったりしたことがあるか（新聞や噂で知ったことを除いて）」と尋ねている。さらに、見たことがあると答えた調査対象者に「その不正について申告したか」、そして申告しなかった人にもさらに、「もし申告したとしたら、匿名で申告したか、あるいは実名申告したか」について尋ねている。これらの回答に基づいて、ミセリらは回答者を、①不正を目撃したことのない人、②不正を目撃したが、申告しなかった人、③匿名で申告した人、④実名で申告した人の４グループに分類した。

不正を目撃した回答者に対して、さらにその不正が次の10種類の中のどれに当てはまるかについても尋ねている。①公金横領、②連邦所有財産の窃盗、③収賄、④無資格者に金銭・品物・サービスを不正受領させることによる損失、⑤不必要な、あるいは非効率的な品物あるいはサービスの導入による損失、⑥計画（プログラム）の不適切な管理による損失、⑦公的な地位の利用による利益の獲得、⑧公衆の健康と安全に害を及ぼす事態や行為に対する黙許、⑨法または規則に対する重大な違反、⑩その他。

調査対象者の属性について、以下の項目の回答を求めた。

①専門的地位尺度――以下の三つの質問に対する回答を数値にして正規化し、得点とした。

・学歴（高卒以下から大学院または専門学校卒）

・給与水準

・専門職または非専門職の種類（具体的に事務、肉体（現場）労働、サービス、貿易、技術のどれに属するか）

②職場のサイズ（職場にいる人数：日常的に職場で何人の人と接触があるかを反映するもの）――回答は「1人から5人（1）」から「26人以上（4）」まで）の4段階。

③仕事に対する肯定的評価――以下の五つの質問文への5段階評定の回答である。

・連邦政府のために働いていることにどの程度満足しているか

・現在の仕事で自分の能力がどれほど発揮できるか

・職場における報酬が公平に分配されているか
・組織の成果の評価システムがどの程度自分に対してよりよい仕事をしようと動機づけてくれるか
・一番最近の成果評価が自分の業績を正確で公平に反映したものであったか
④組織の無責任性――不正に関して申告しない理由として「申告しても何も改善できないから」と挙げる人の占める割合である。
⑤特異性クレジット（idiosyncrasy credit）――特異性クレジットとは、組織への貢献や、組織の規範を忠実に遵守することによって、他のメンバーから受ける信用や信望を意味する。以下の四つの質問に対する回答から構成される。
・勤務状況（連邦政府に勤務した年数、年齢、定年までの年数（逆転尺度）をそれぞれ正規化した点数で構成された）
・過去2年以内の受賞回数（5段階評定）
・性別（女性が1、男性が2とコーティング）
・人種（アメリカインディアン、アラスカ人、アジア人、太平洋諸島人、黒人（スペイン系でない）、スペイン系が1、白人（スペイン系ではない）が2とコーディング）

調査の結果

以上のようなさまざまな要因と内部申告経験との関連を検討した結果、次のようなことが明らかになった。

（1）デモグラフィック（人口統計学的）な個人特性に関して

①申告しなかった人よりも申告した人（匿名と実名をあわせて）のほうが、専門的地位が有意に高かった。この解釈として、以下の可能性が考えられる。

・専門的地位が高いことによって、自身の権威の自覚が明瞭で、そのため当該問題についての判断に自信をもっている。

・専門的地位が高い人は、日常的に自分の意見や発言が組織の意志決定に影響を与えた経験が比較的に多いことが予想される。このような経験によって、自己効力感が高くなり、申告という行動によって不正行為を中止させることができると考え、申告することになったとも考えられる。

・専門的地位が高い人は、職業的自尊心が高いと考えられる。職業的自尊心が高いことで、職業的倫理観が比較的に高くなるために、地位の低い人よりも不正に対する心理的拒絶反応が大きいと考えられる。

②内部申告した人は、内部申告しなかった人より、仕事に対する肯定的評価が高かった。素朴に解釈すれば、仕事に対する評価が肯定的な人のほうが内部申告しやすいということになるが、ミセリらは解釈の多義性を指摘した上で、次のような解釈をすすめている。

まず、仕事に対する肯定的評価が、内部申告する前にすでに生じていたのか、申告後に生じたのかが特定できない。これは、社会調査データの解釈でしばしば議論の対象となることだが、事後調査では、因果関係の確定が難しい。しかし、仕事に対する肯定的な評価が先で、内部申告傾向を後とした場合、仕事への肯定的評価が、自信や自己効力感を高め、自分の関与（この場合、内部申告）で必ず効果（不正の解消など）が得られるという認識が強くなったとも考えられる。あるいは、自信や自尊心が高まることで、道徳・倫理基準に対する志向性も高まり、不正申告の動機づけが高くなったと見ることもできる。

仕事に対する肯定的評価によって職業満足感が高まるということは首肯できよう。職業満足感が高ければ、今までのよい仕事環境を維持したいと思う。そのためには、不正による組織へのダメージを取り除きたいという気持ちも強まるだろう。そして、内部申告する可能性が高くなるとも考えられる。

あるいは、その逆方向の場合、すなわち、内部申告経験により、仕事に対する肯定的な評価が高くなったと考えよう。内部申告したことで、自分の仕事に対する興味・情熱が再確認され、仕事をより積極的に評価するようになったと見ることもできる。

いずれの場合にも、組織内部に申告しやすい環境を作るとすれば、その基礎作りとして、まず、従業員の満足感を高めて維持するために、公平で矛盾のない勤務評価基準で従業員を奨励するなどの環境づくりが大切である。また、内部申告をしても不正な待遇を受けないような雰囲気の形成が特に重要である。

③一部のデモグラフィック（人口統計学的）な特徴は、内部申告と関連する。

実名で内部申告した人は、まったく内部申告しなかった人に比べ、（a）勤務年数が長く、（b）職業成績による受賞回数も多いことが示されている。また全般的に、内部申告は男性のほうが女性よりも多いことも明らかになっている。人種による比率の差（白人と白人以外のマイノリティ人種との差）は認められなかった。

ミセリらによれば、従業員が自分の力を感じているほど、そして自分が職業人として尊敬されていると認識していればいるほど、不正を見たときに、それを内部申告する可能性が高くなる。

勤務年数が短い場合には、内部申告しても失うものが少ないために、申告する可能性が高い、と推測していたが、分析結果からは支持されなかった。勤務年数の短い人が内部申告を比較的にためらうのは、自分が『不平屋』と見られては困るという恐れを感じたり、当該の行為が組織の中で不正と考えられているかについてためらうこともあるからだと考えられる。

また、この研究の対象者は連邦政府公務員であり、上級職員は、他の職員よりも不当解雇などから保護されていると考えている可能性がある。このような背景要因は、分析結果の一般性を損なう可能性もある。

勤務年数と申告しやすさの関係については、公務員以外でも同様な状況が推測されるが、背景要因の関連を踏まえたうえで、公務員以外の職業人データについて再度分析することは有益であろう。

以上の結果から、ミセリらは次のように提案している。

・組織において、特に勤務年数の短い従業員に対して、「組織の不正に対する内部申告によってキャリアが阻害されることは絶対にない」という方針を明示することが必要である。
・業績が優れない人や、女性に対して、管理職との一体感を認識させることが必要である。
・申告があった場合、管理職は、誰が申告したかではなく、申告の対象となった問題が本当にいけないことかどうかを判断することが大事である。

(2) 環境要因について

電車の中で倒れた人に手助けをする援助行動など、自分の役割を若干逸脱しても広く社会や他者の利益になるための行動を、向社会的行動という。内部申告という行動を、援助行動とならんで向社会的行動と考える研究者もいる（Brief & Motowidlo 1986）。一般性の高い向社会行動と相関する社会心理学的要因が、内部申告行動とも相関すると示されれば、内部申告が向社会的行動であるとする立場の妥当性を裏付ける傍証と考えることもできるだろう。しかし、そのような知見も、この調査以前では得られていなかった。

調査の分析から、一般的な向社会的行動に影響を与える要因と類似した要因が内部申告にも影響を与えることが確認されたために、ミセリらは、内部申告が向社会的行動であるという説を支持している。支持の根拠となる結果は、統計的な有意水準に達してはいるが顕著な結果ではないため、ミセリらは確定的な検証ではないという前置きを加えているが、彼らの結果と考察を以下に紹介する。

①結果からは、申告行動をした人の所属する職場の規模が、申告しなかった人の職場よりも大きかったことが示された。

援助行動は、傍観者が多いほど発生しにくいことが確認されている。傍観者の間で「自分が何かしなくとも、誰か他の人がするだろう」という認識が起こるのが、その理由とされる。これを責任感の分散と呼ぶ。①の結果は、一般的な向社会的行動の知見とは逆の現象である。

しかし、集団凝集性に注目すると、別の考え方が浮上する。集団凝集性とは、集団全体としての一体感や仲のよさを指す用語で、いわゆる仲の良い集団は「集団凝集性が高い」。援助行動の研究でも、集団凝集性の影響が問題とされている。

さて、職場の集団凝集性は、大きい職場よりも小さい職場のほうが強いことが予想される。(Greenberger et al. 1987)。また、集団凝集性の高い職場では、内部申告を抑制する規範が発生しやすいという可能性もある。これは、小規模な職場では、誰が申告したかも調べやすいことや、申告を抑止する方向に圧力が生まれやすいからである。したがって、集団凝集性に注目すれば、むしろ大きい集団で内部申告が行われやすいことが予測される。

実際のデータで、大集団において内部申告が多いとの結果が出たことは、責任感分散過程よりも集団凝集性による内部申告の抑制過程の機能のほうが強かったと考えることもできる。

人数の規模が大きくても、集団凝集性の高い集団では、援助行動が起こる可能性が高い。特に、援助すべきだという社会規範が明らかな場合（たとえば、被害者が援助を必要としていることが明白な場合)、この傾向が強いという研究結果も報告されている（Rutkowski, Guinder, & Romer 1983）。この結果から、ミセリらは次のことを指摘している。

・小さい職場の管理職は、部下の従業員からの問題提示や異なる意見の表明を否定するような組織風土や規範を作らないようにする工夫する必要がある。
・小さい職場の従業員に対して、職場以外の信頼できる人や部門（たとえば人事部門）に申告することに対する心理的な抵抗を弱める必要がある。

②申告しなかった人の所属組織よりも、申告した人の所属組織のほうが、「申告に対応しない度合い」（無責任性）が小さかったという分析結果が得られた。

組織においては、こと不正に関することに限らず、普段の組織運営において、構成員からの意見を謙虚に聞き、フィードバックすることが大事である。よい意見であれば、それを取り入れてどう改善するか、改善が容易でない場合には、なぜそうなのかなどを誠実に説明することが重要である。なぜなら、組織において、構成員たちは常に観察学習を行っており、意見の表明や不正の申告などの行動に対して組織がどのように反応するかを見て、自分がそこで内部申告をした場合、どのようなことが起こりそうかの判断材料としているからである。

ミセリらは、「無責任性の小さい組織において申告が行われやすい」という分析結果から、次のような結論を出している。「組織は、社内のニューズレターやポスターによって、申告された問題にどのような対応が行われたかについて公開するべきである。また対応が不十分な場合、不十分な理由についても公開すべきである。また、組織は倫理的責任を制度化することができる。これは、職務記述書(job descriptions)と業績評価に倫理的側面についての既述と評価を導入し、報償制度(compensation system)でこのような倫理行動をサポートすることで実現できる。」

ミセリらのこの研究は、連邦政府の省庁における、公務員の内部申告の実態と、申告に関連する要因との関係を調べたものであるが、調査手法上の限界もある。それはデータが調査時点よりも相当さかのぼった過去の回顧に依存し、かつ調査対象者が自己申告したものであるから、正確性が評価しにくいからである。記憶の変化や、意志決定に対する事後の合理化などの影響が無視できないうえ、相関データであるため、因果関係の特定も難しい。

内部申告は、社会規範、個人の価値観、そして組織風土など社会文化の影響が大きい。アメリカで得られた内部申告に関する知見をそのまま日本に適用するわけにはいかないかもしれない。しかし、残念ながら、筆者らの知る限り、この種の調査が日本ではほとんど行われていないのが実情であり、これらの知見を有効活用させる方法を探る価値はある。

◆実験社会心理学的手法による内部申告の研究

内部申告は組織における社会的現象であり、当事者は組織的環境、社会的環境に取り巻かれている。申告に関する研究の多くは、調査対象者の、過去の事例に対する記憶に頼っている。しかし、職場の環境要因に関する記憶は、正確さに限界がある。特に、申告に関する決断時期の主観的評価、心理状態などの記憶が、その後の出来事によって歪曲されてしまうことも考えられる。

組織における不正行為の程度や頻度が似ていても、不正行為の存在を知らなかった人や、知っていても申告しなかった人と比べると、実際に内部申告をした人はより多くの不正行為を見たと感じていること、また、内部申告者の仕事の特徴が、内部申告をしなかった人とは異なることが報告されている（たとえば、Miceli & Near 1985）。しかし一方で、申告者の心理的特質がどのように不正の認識や申告に関わる意志決定に影響を与えるについては、まだわからない点が多い。

もうひとつ重要な点は、先ほど触れたように、内部申告に影響を与える要因には多数のものが想定されているが、それら要因の間の因果関係が、社会調査手法では確認できないことである。特に、ある行動をとった後には、その行動を自分で論理的に解釈しようとする心理が芽生える。そのために、内部申告をする前には重視していなかった社会的利益や倫理というような要素が、その内部申告の動機であるという方向に認知変容が起こる可能性も考えられる。

このような調査の限界を克服するために、実験社会心理学の手法も用いられている。実験社会心理学の手法とは、社会心理学的な仮説を検証するために、実際の場面に近い条件を作り、実験的に条件を操作し、条件の変化による効果を調べるものである。このような実験では、実験参加者の主観的報告にだけ頼るのではなく、行動の観察や個人特性の測定が可能なので、実験参加者の主観によるバイアスや誤差を排除することができると考えられている。

ミセリら（Miceli Dozier & Near 1991）による実験研究を見てみよう。この実験では、大学生の実験参加者に対して、見かけ上の不正行為（本当は実験者が用意したもので、本当の不正行為ではない。これについて、実験の後に実験参加者に明らかにし、了承を得た）を演出し、申告行動が起こるかどうかを調べた。そして、申告するかしないかと、個人特性や心理学的特徴との関連を検討した。

研究が行われたのはアメリカの大学で、「組織行動と管理」の授業を受けていた大学生が実験参加者である（男子１５５名、女子１４０名）。

実験に数週間先立ち、実験参加者となる学生たちは心理特性に関する質問票に記入した。質問票で使われた心理テストは、「統制型テスト」と「道徳判断の発達レベルテスト」であった。統制型とは、何か出来事や事件があったときに、それを行為者にとって統制可能（したがって責任がある）と考えるか、状況要因が強く統制困難と考えるかについての心理的個人差である。行為者にとって統制可能と感じるのを「内的統制」、状況要因が強いと考えるのを「外的統制」という。一方、道徳判断の発達レベルテスト（実際に、簡略版 Defining Issues Test＝DIT Rest 1979 が使用された）は次のようなものであった。三つの想定状況（ジレンマ）を実験参加者に呈示し、各想定状況で問題解決するために、用意された12の選択肢がそれぞれどの程度重要かについて評定するように求める。その答えはパーセプト得点（percept - score）として計算され、道徳判断発達のレベルの指標として使用された。

実験参加者は「経営的意志決定に関する研究」に参加するように依頼された。複数の実験参加者が教室に座り、各自が「新入社員選抜課題」を行う。この「新入社員選抜課題」は、各実験参加者に新入社員として合格候補者の名簿、成績リスト、職務内容記述書を与え、それに基づいて評価用紙にそれぞれの候補者に対する評価を記入し、職務内容記述書の内容にもっともふさわしい優秀な候補者を新入社員として選ぶというものであった。

実験では1人の男性「研究助手」（実際は、本当の実験目的を知っている実験協力者である）が実験参加者に対応した。研究助手は、実験参加者に、自分が管理職になったつもりで候補者の中から新入社員の適任者を選ぶようにという内容の教示を行い、実験後、学部のある委員会の代表が、実験が公正に行われているかどうかについて調査しにくることも実験参加者に知らせた。

その後、研究助手は実験マニュアルを見ながら実験方法について説明したり、質問に答えたりしながら次のように話した。

「実験についての説明は以上ですが、これからもうひとつお願いしたいことがあります。この研究を長い期間やってきましたが、今までの結果は当初の予想とかなり違っています。このままだと、結果をうまく論文にまとめることができないので、どうしても当初の予想通りの結果を得たいのです。今日、皆さんにお願いした実験に関しては、候補者1が候補者2と3より適格でないと予想しているので、ぜひこのように記録用紙に書いていただきたい。協力してもらえると、論文がずいぶん書きやすくなりますから。」

つまり、研究助手は、データ捏造に協力してほしいという不正な要求を、実験参加者に出したのである。

実際の職場での組織的不正についての内部申告は、内部申告者に対する報復が伴うことがある。そこで、この実験においても実験参加者に対して「報復条件」と「報復なし条件」が設けられた。

報復条件では、研究助手は先ほどのデータ操作の依頼をしてから、次のことを実験参加者に話した。

「私の依頼したことについて、誰にも言わないでください。さもなければ、実験を最初からもう一度やらなければならないし、実験参加者のあなたたちも、もう一度初めから実験に参加していただかなければならなくなります」。この「報復」は、内部申告に対する報復としてはかなり甘い内容である。だが、ミセリらは大学の環境で実験参加者を罰するような設定はできないため、これ以上厳しい「報復条件」の設定はできなかったと説明している。

実験参加者が候補者の評価作業を終了した後、研究助手は回答を回収し、「学部委員会の代表がアンケート調査をするためにすぐ来るので、このまま待ってください」と言って、退室した。

その後、男子大学生のサクラが入室した、彼は、「学部委員会の代表」だと自己紹介して質問紙を配り、実験参加者に匿名で記入するように依頼した。この質問紙の中には、参加した学部で行われた研究において、不正行為を見たことがあるかどうかという質問項目が含まれており、先ほどのデータ操作について申告できるようになっていたのである。

質問紙を回収して実験は全部終了した。この時点で、「実験助手」と「学部委員会の代表」は実験参加者に対して実験の本当の目的を説明し（デブリーフィング）、実験参加者が実験の本当の意図に気づいていたかどうかの確認をとったうえで、データ使用について実験参加者の了解を得た。

実験の結果

不正な協力依頼に対する実験参加者の同調行動と、その後のそのことについての申告が、分析の対象となった。

同調反応は、「実験助手」によるデータ捏造の依頼に応じたかどうかである。実際に実験参加者に提示した資料を見れば、明らかに候補者1が候補者2と候補者3より優秀だが、データ操作の依頼に応じたならば、候補者1に対する評価が低くなるようになっていた（0～9点の評価）。ここでは、同調の点数として、候補者2と3に対する評価の平均値と、候補者1に対する評価値との差を使用した。なお、「実験助手」からのこの不正な要求が確かに不正と一般的に感じられるものかどうかについて、実験に先立って確認が行われていた。その結果、大学生実験参加者の76・3％が「非常に間違いだ」、13％が「間違いだ」と答え、あわせて89％近くの実験参加者が、不正な要求だと考えていた。また、不正行為を行った「実験助手」と実験参加者の大学生が同じ大学という組織の構成員であり、また不正行為も大学の中で行われたので、実験場面での不正行為が「組織的不正」の定義に合致することも自明であろう。実際の実験では、75・3％の実験参加者が、実験助手からの依頼にもかかわらず、候補者1を候補者2、3より高く評定しており、この実験場面での「組織的不正」へ同調した人は少なかった。

さて、本題の関心である申告行動（whistle blowing）についての分析を見よう。「学部委員会の代表」が配った調査票には「研究に参加していた間、あなたが好ましくないと思うことをしてほしいと頼まれたか」という質問が「はい」「いいえ」「覚えていない」という回答選択肢とともに記載されていた。「はい」に回答した場合には、次にその内容を具体的に回答する形式になっていた。

この質問で「はい」を選択し、しかも具体的な記述において、実験助手によるデータ操作に関連することが書かれていれば、内部申告をしたと扱い、それ以外は内部申告しなかったとみなす分析を行った。その結果、全実験参加者の31・5%(男性は38・1%、女性は24・3%)が不正要求について申告した。この結果は、アメリカで行った調査で得られた実際の組織内部での申告率とほぼ同じレベルになっている。また、女性が男性より申告率がやや低いことも、他の研究結果(Miceli & Near1988; Gelfand et al.1973)と一致していた。

内部申告の有無に影響を与え得る要因をさらに詳しく分析するために、種々の分析が行われた。共分散分析で、集団サイズの主効果が検討されたが、事前の実験予測に反して、不正依頼を見ている人が多いほど内部申告しやすくなるという結果であった。また、申告と集団サイズとの相関は0・85であり、集団サイズが大きいほど、申告が多いというデータパターンになっていた。

同調と内部申告の間には有意な関係がなかった。不正に同調した人のほうが内部申告しやすいという関係も、その逆の関係も見られなかった。

実験前に測定されていた道徳判断発達レベルと内部申告行動の相関はマイナス0・31で、道徳判断発達のレベルが高い人において申告が少ないという関係が見られた。

さらに内部申告と性別との相関はマイナス0・31であり、女子より男子のほうが内部申告する度合いが有意に高かった。

報復脅迫の有無の効果や他の要因との交互作用は見られなかった。内的統制型の効果も見られなかった。

これが、この実験のデータのすべてである。このデータを解釈してみよう。

実験研究の解釈

道徳判断発達レベルと内部申告との関係に関して、「道徳判断が高次なレベルまで発達している人は、道徳判断レベルがそれほど高くない人よりも不正を申告しやすいだろう。それは特に不正申告に好意的な状況において顕著であろう」と事前に予想していた。

ところが、予想に反して、道徳判断で点数の低い人のほうが、不正を申告しやすいことが明らかになった。道徳判断がより高次なレベルまで発達している人は、報復脅迫を受けなかった場合にのみ、道徳判断発達レベルの低い人と同程度に不正申告をしていたのにすぎなかった。このデータは、申告行動を向社会的行動の一種と見て、高度な道徳性の発露と考える常識的な立場と相容れない。この点については、理論的な再考が必要である。

集団サイズの影響については、目撃者の数が多いとき、より多くの人が申告するという相関が得られた。これも、向社会的行動についての知見と食い違っている。援助行動や向社会的行動は、より小さい集団で行われやすいことがわかっているが、この実験結果はそれと一致しない。これに関して、ミセリらは以下の三つの可能性を挙げて説明している。

①まず、社会的影響は影響要因の数で決まると考える「社会インパクト理論」(Latané 1983) から考えると、実験場面においては、実験助手が申告を抑制する方向に誘導しようと試みたが、他の学生の存在は申告を促進する方向に潜在的な影響を与えたものと考えられる。不正を一緒に目撃

した学生が多い場合、申告を支持する影響の合計も大きい。したがって、自分以外の実験参加者が多くいる場合、不正について申告しやすくなるのである。

②もうひとつの可能性として、不正を一緒に目撃した実験参加者の学生が少ない場合、それぞれの学生は、調査員がどの程度自分の申告を信じるか不安である。集団のサイズが大きい場合、より多くの学生が申告する可能性が考えられるので、自分の話を信じてくれるだろうと考える、という可能性が大きい。

③最後の可能性として、集団のサイズが小さい場合、研究助手が比較的容易に申告した人物を特定し、報復を加える可能性が高くなるが、集団のサイズが大きくなると、申告者の特定が難しくなるから、比較的に「安心して」申告できると考えられる。

また、女性より男性に申告行動が多かった性差について、ミセリらは次のように説明している。まず、不正を行う人の性別、不正を目撃した人の性別、そして申告先担当者の性別の間に、交互作用が存在する可能性がある。たとえば、三者とも同じ男性、あるいは女性の場合にとくに申告しやすいなどという可能性である。この研究においては、不正行為をした「実験助手」が男性で、申告先は学部の委員会である。教員の90％が男性である大学では、学部の委員会も主に男性から構成されていると想像するのが自然であろう。そして、委員会の代表として調査しに来たのも男子学生であった。これらの理由で、男子学生にとって申告しやすく、女子学生にとって申告しにくい可能性があると考えられる。

また、職場の勢力という観点からこのデータを解釈することも可能だとしている。組織においては、何か問題が起こった場合、男性よりも女性のほうが「黙認の方略」をとる可能性が大きい（Mainiero 1986）。女性は、自分が勢力を持たず、状況の改善のために何もできないと考え、声を上げるのをあきらめてしまうことが多いことがその理由だという。メイニエロ（1986）によれば、この「黙認の方略」には二つの要因がある。一つは「構造的分離」、つまり組織において明らかに力を持つ人たち（たとえば、男性）と力のない人たち（たとえば、女性）がはっきり区別されていることである。もう一つは「社会化」、つまり社会的通念として、男性は攻撃的で力を持つべきであり、女性は無力であるべきだというステレオタイプを組織の構成員が自ら自分の考えとして受け入れてしまうことである。

組織の中で男女に関係なく、不正行為についての申告を行いやすくするためには、組織の中のさまざまな男女差や、ステレオタイプをなくす必要があることが示唆されている。

「黙認の方略」をめぐるこれらの結果は、あくまでアメリカの連邦政府公務員を対象にして得られたものであり、結果の一般性については、さらに確認する必要がある。特に、性別による社会地位、職場での地位、役割、ステレオタイプの差は日本とアメリカの状況がかなり異なるので、日本社会で同じ傾向が見られるとはただちに言えない。しかし、もし、内部申告について性差がシステマティックに存在するということになれば、組織内の男性・女性の勢力の調整だけではなく、問題を処理する委員会メンバーの性別を調整し、申告者の性別にあわせて窓口担当者の性別も配慮して対応することも必要になってくることだろう。

◆感情状態、自己効力感、そして組織支援の認知と内部申告の関係を検討した研究

社会の公益のために内部申告を行うべきだと理解されていても、現実に、多くの人が不正行為を見て申告しないことがある。ミセリら（Miceli, Van Scotter, Near, & Rehg 2001）は、内部申告行動に関する意志決定のモデルを構築してこれを説明している。

ミセリらの考え方では、内部申告は二種類の意志決定によって決められる。一つは、不正行為に対するアセスメントに関する意志決定で、もう一つは不正行為が行われた場合にどのように行動すべきかに関する意志決定である。内部申告という行動をとらず、不正行為に直接に対決することもありうる。実際に内部申告を行い、その後問題が解決したかどうかなどについて再度チェックすることもある。

このような意志決定の過程においては、個人の心理特性や、感情状態効果の影響があると考えられる。ここで、ミセリらは感情状態、積極的な人格特性、自己効力感、組織支援に関する認知を主な個人の心理特性として検証している。

まず、これらの心理特性はどのようなものかを見てみよう。

（1）消極感情状態（negative affectivity, NA）と積極感情状態（positive affectivity, PA）

消極感情状態は苦痛（distress）に対する主観的な経験である。消極感情状態が高い状態になると、自分や他者に対してより厳しくなったり、ストレスや不安、怒り、恐れ、罪悪感を経験しやすくなっ

たりする。つまり、消極感情状態得点の高い人は、仕事に関するストレスが大きく、物事を否定的に見る傾向がある。これを考えると、ある行動が不正かどうかはっきりせずグレーゾーンにある場合、消極感情状態の強い人はそれを不正行為とみなす可能性が高い。そのため、消極感情状態の高い人は、他の人よりも不正行為を多く報告することがあると予測できる。

積極感情状態（positive affectivity, PA）は、消極感情状態の逆の主観的な経験で、人や物事を肯定的に見る傾向のことである。物事、特に中立的でグレーゾーンにある行為を不正行為として判断する可能性が、他の人より低い。つまり、不正行為を見た人よりも、見たことのない人の積極感情状態得点が高いことが予測できる。

向社会的行動の研究分野では、従来、積極感情状態得点の高い人がより向社会的行動を行う傾向があると報告されていた（Isen & Baron 1991; Van Scotter & Motowidlo 1996）。内部申告を向社会的行動としてみれば、不正行為を見て内部申告をした人は、積極感情状態得点が高いと予測できる。

（2）積極的人格（proactive personality）

積極的人格を持つ人は、自分の周りの重要なことを支配しようとする傾向があると指摘されている。そして、積極的人格得点の高い人は、周りの制限をあまり感じず、物事を変化させる力があると考える傾向がある。そのため、非申告者よりも申告者は、積極的人格の程度が高いと考えられる。

（3）自己効力感（self efficacy）

自己効力感は、あることについて自ら行動をとることで事態がどの程度変わるかに関する認知である。不正行為を見た人の、内部申告に関する自己効力感が高ければ、内部申告を一つの解決手段として見るであろう。また、組織内部での申告者は、外部申告者や未申告者よりも、自己効力感が高いと予測できる。

（4）組織支援の認知（perceived organizational support, POS）

組織支援の認知とは、組織が自分の面倒を見てくれる、公平に扱ってくれている、という評価である。不正行為について申告しても、組織がそれを放置すれば、組織支援の認知は減少する。つまり、不正行為を放置することは、組織が不正行為を制止する能力と意志がないと考えていることを示唆している。組織における不正行為を知らなかった人や、知りながら申告しなかった人のうち、不正行為がすでに正しく対処されたと考える従業員は、他の従業員よりも組織支援の認知が高い。さらに、不正行為を見た、しかも組織が適切に対処していないと考えても、組織内部で申告した人は、他の人よりも組織支援の認知が高いと予想される。申告したら、組織の支援を得られるだろうと考えるのである。

ミセリら（Miceli, Van Scotter, Near, & Rehg 2001）は、アメリカの軍事施設に勤務する軍人と民間人、計９９０６人を対象者にして質問紙調査を行った。回収率は33％で、回答者のうち白人は86％、男性67％、民間人69％、非管理職77％であった。年収は４万から４・９万ドル、勤務年間は６～10年の人が中心だった。

調査票には、消極感情状態と積極感情状態に関する質問項目、積極的人格に関する質問項目、組織支援の認知に関する質問項目と、内部申告の自己効力感に関する項目が含まれていた。

調査の結果

申告をしたことがある人は、申告未経験者より積極的人格において高い得点を示すことが確認された。しかし、不正を見たことのない人と不正を見たことのある人とで積極的人格の得点が同程度だった。さらに、申告未経験者から、「他の人が申告したと思うので申告しなかった」と報告した人を除いたところ、次のことが確認された。不正行為の未経験者のなかでも、不正は組織でうまく対処されていると考える人、組織内部での申告だけを行った人は、他の従業員より内部申告に関する自己効力感の得点が高かった。また、不正行為の未経験者と未申告者のうち、「問題がうまく対処されている」と考える人は、他の従業員よりも組織支援の認知において高い点数を示した。しかし、組織支援の認知と組織内部での申告との統計的に有意な関連は見られなかった。

ミセリらは、以上の結果からまず、消極的・積極的感情性や積極的人格という心理特性が、不正行為に対する評価や内部申告に影響を与えることが示唆されたとしている。

その影響プロセスは、次の二つに分けることができる。

- 消極感情状態は不正行為の評価に影響する。
- 積極感情状態は影響せず、不正行為に対する行動に影響を与える。

積極的人格は、内部申告に対して、積極感情状態と同様の影響を示している。これは、積極感情状態、積極的人格がともに環境への適応（coping）に関連しているためと考えられる。

ミセリらは、この調査の結果によって、以下のことが示されたと説明している。

①不正行為は、シグナル伝達効果（signaling effect）と脱モラル効果（demoralizing effect）を持っている。不正行為の未経験者や、不正行為を見たが、その行為に対して適切な対処が行われていると信じる従業員は、他の従業員よりも組織支援の認知や内部申告に関する自己効力感が高い。

②組織が不正行為を抑制したり、適切に糾弾すれば、コミットメントが高まり、転職率が低下するというメリットが生じると考えられる。これらのメリットは不正行為に伴うコスト（社会的な批判や裁判による損失）の削減の一部になる。

③内部申告に関する自己効力感と組織支援の認知は、不正行為に対する行動に影響を与える。内部申告に関する自己効力感と組織支援の認知を促進すれば、不正行為がもっと申告されると期待できる。

④内部申告に影響する要因に関する仮説は多いが、実証データで証明されたことは少ない。実験や調査のデータによる検証が重要である。

このように、内部申告と心理特性との関係は、質問紙調査の形で調べられるが、一回の調査結果だけでは結論は得られない。これからも追試や検証が必要である。

◆組織コミットメントと内部申告の関係を検討した研究

組織コミットメントに関する心理的個人差は、内部申告に影響を与える可能性がある。組織に対するコミットメントと内部申告について、「会社人間」説と「改革者」説の二つの考え方がある。「会社人間説」とは、コミットメントの高い人は「会社人間」で、自分や組織に関するリスク、特に自分の雇用に関連するリスクを避けるとする考えである（Randall 1987）。この考え方によれば、組織コミットメントの高い人は同調的で、組織に対する忠誠心も高い。そのため、組織における不正行為を見ても、申告することが組織のみならず自分にとってもリスクのある行動なので、申告しにくいだろうと予想できる。つまり、組織コミットメントと内部申告との間に負の相関があると予測するのが「会社人間説」である。

一方、「改革者説」とは、組織コミットメントの高い人は組織の改革者で、組織の不正を修正しようとする人だという考えである（Hirschmann 1970）。この考え方によれば、上述の「会社人間」説と逆に、高い組織コミットメントは、内部申告の可能性を高くすることとなる。つまり、不正行為は組織にダメージを与え、組織全体を破壊するものなので、組織コミットメントの高い人なら不正行為を制止するだろうと予測することになるのである。

ソマーズら（Somers & Casal 1994）は、アメリカの管理会計士を対象に、組織コミットメントと内部申告との関係を検討している。

調査に際して、ソマーズらは内部申告の申告先が重要であると考えた。たとえば、会社人間説では、組織コミットメントと直接の上司への申告との間に正の相関、他の申告先との間に負の相関があるかもしれない。しかし改革者説では、以上の仮説は成立しないだろう。このため、申告先として、組織内部と組織外部を区別して検討した。

調査対象者は全米会計士協会（The National Association of Accountants, NAA）の会員の管理会計士からランダム選出した人たちである。対象者に組織倫理に関する質問紙の回答を依頼したが、回収率は20％で、回答者は６１３名であった。そのうち81％が40代の男性であった。

質問紙において、組織における不正に気がついたかどうかについて回答を求めるために、会計上の不正行為を見た経験があるかどうかを報告してもらった。不正行為は10種類（たとえば、横領、費用や負債の粉飾など）あり、この中の1つでも目撃したことがあれば、不正行為に気づいたことになる。

申告意図と組織コミットメントの測定は以下のようになされた。

申告意図（intent to report wrongdoing）は、組織内部の窓口三つ（直接の上司、社内監査人、社内監査委員会）と組織外部の窓口三つ（社外監査人、行政・規制当局、マスコミ）のそれぞれに対して、自ら申告する可能性を5段階評定で測定した。

組織コミットメントの測定は、組織コミットメント質問票（Organizational Commitment Questionnaire）の短縮版を使用した。

調査の結果

まず、全回答者６１３人のうち、不正を目撃し、申告した経験のある人は１３６人であった。不正を見たことはあるが申告経験のない人は２０２人であった。不正を見たことがない人が２５８人、無回答は17人であった。結果の解析は、不正を見た経験はあるが、申告経験のない２０２人の回答者のデータを用いて行われた。

それまで組織コミットメントと内部申告の関係に関しては、線形関係が仮定されていたが、この仮定は必ずしも正確でなく、曲線関係の可能性もありうると考えられる。ソマーズらの研究では、線形関係と曲線関係の両方について検討がなされた。

組織コミットメントと、六つの申告先への申告意図の評定値を求め、線形相関を算出した。その結果、六つの申告先への申告意図のいずれも、他の五つとの間に正の相互相関が得られた。

多項式回帰分析（polynomial regression analyses）を用いてデータ解析を行った結果、一次関数（線形関係）で予測したときには、組織コミットメントといずれの申告意図との間にも統計的に有意な関連は見出されなかった。

一方、二次関数（曲線関係）の場合、直接の上司、社内監査人への申告意図との重相関係数が有意傾向を示し、二次項の偏相関係数も有意傾向を示した。それぞれに逆U字型の関係が見られる。

この分析から因果関係は導けないが、一般的に、組織コミットメントは比較的安定的な特性要因であると考えられるので、内部申告に関する行動意図に影響を与える影響因と考えたほうが妥当であろう。そうであれば、組織コミットメントが中程度の人が組織内部での申告意図を高くそなえている可能性が高いと言えよう。

ソマーズらはこの結果について、予備実験的なもので、結論を下すのにはまだ早いと断りながらも、組織コミットメントと申告との関係が、申告先が内部か外部かによって異なる可能性があること、組織コミットメントと申告意図との逆U字型の関係が、会社人間説と一致していると指摘している。これまで、組織コミットメントが高すぎると、個人と組織の関係を機能不全にしてしまうという考えがあったが（Randall 1987）、ソマーズらの研究では、内部申告に関して、組織から疎外感をもっている人（組織コミットメントの低い人）ときわめて会社人間的な人（組織コミットメントがとくに高い人）が同じ傾向を示しており、忠誠心と疎外を組織における社会化において類似した状態と捉えたほうがよいかもしれないことが示唆される。

さて、ソマーズらのこの研究では、組織コミットメントが一次元の特性として考えられている。しかし、組織コミットメントは感情的要素、存続的要素、規範的要素の3要素（Allen & Meyer 1990）、あるいは愛着要素、内在化要素、規範的（日本的）要素、存続的要素の四要素（田尾 1997）に細分できる。それぞれの要素側面と内部申告との関係について、さらに検討する必要があろう。

◆信念と内部申告の関係についての研究

内部申告を経験した人と、不正を見ても申告したことのない人は、全般的に異なる信念を持っていて、それが申告する・しないという違いとなって現れたという可能性がある。これについても調査研究が行われている。ここで紹介するのはアールンとマクドナルド（Ahern & McDonald 2002）による、看護師を対象とした質問紙調査である。

アールンらの研究の調査票は、信念に関する質問10項目が含まれていた。これらの項目は、現行の看護師の倫理規定（4項目、たとえば、「看護師の最大の責任は患者に対するものである」）、看護師に関する伝統的な考え方（2項目、たとえば、「看護師はいつも医師の指示に従う義務がある」）、内部申告経験に関する考え方（4項目、たとえば、「内部申告する場合、解雇や懲戒の処分を受ける恐れがある」「内部申告する場合、看護師管理部門の支援に頼ることができる」）である。回答者はこれらの項目に対して、5件法で評定した。

調査の対象者は、西オーストラリアの登録看護師の名簿から無作為に選出された500名（全体の2・6％）の看護師であった。これらの対象者に調査票を送付し、回答と返送を依頼した。

調査の結果

回収率は20％で、回収された回答のうち、95％が有効回答として解析の対象となった。回答者のうち、70名が不正を見たことがあるし、そしてそれについて申告したと回答した。70名は申告経験者としたが、ほかに、不正を見たことがあるが、申告しなかったと回答した25名の回答者を申告未経験者とした。

申告経験者と申告未経験者のほとんど（それぞれ71％と96％）が公立病院に勤め、50％以上は16年以上の経験があった。また、40％は大卒だった。

回答者の10項目の質問評定値に対して因子分析を行った結果、四つの因子が抽出された。これらの因子は、次のようなものである。

因子１：合理的擁護――内部申告をすることによるコストを認識しながらも、患者の利益の擁護が必要だと考える。（たとえば、「内部申告する場合、解雇や懲戒の処分を受ける恐れがある」「医師団の意向に反しても、看護師は患者をサポートしなければならない」）

因子２：擁護役割――内部申告という行動は現行の倫理規定に一致している。（たとえば、「看護師は、患者に対する不公平な扱いをしてはならず、これを確実に実行する義務がある」）

因子３：伝統的役割――内部申告についての伝統的な考え方。看護師は自主的に行動することができず、医師の指示に従うべきだと考える。（たとえば、「看護師はいつも医師の指示に従う義務がある」）

因子４：伝統的・同調――伝統的な考え方と患者に対する説明責任とを関連づけた考えである（たとえば、「看護師は患者、医者、そして病院経営者に対して同等な責任を持たなければならない」）

それぞれの因子に含まれる質問項目に対する評定値の平均値を算出し、申告経験者と申告未経験者の間の差異について分散分析を行った。

その結果、因子2の擁護役割において、申告経験者と申告未経験者との間に有意差が得られた。申告未経験者よりも申告経験者のほうが患者利益の擁護をより強く思っていることが示された。

また、因子4の伝統的・同調においては、有意差の傾向が得られ、申告未経験者よりも申告経験者の得点が高い傾向にあった。

一方、因子1と因子3においては、申告未経験者と申告経験者とのあいだで有意な差異が見られなかった。

これらの結果は、申告経験者が申告未経験者より、倫理規定に定められる患者の利益を擁護すべきだとの思いが強く、看護師に関する伝統的な考え方を支持する程度が低いということを示唆している。アールンらの解釈は、以下の通りである。

内部申告の経験者と未経験者は異なる信念システムを持っている可能性がある。そして、不正を見たときにある人は申告し、ある人が申告しないのは、彼らの信念システムの相違による。そして申告した人が周りからほとんどサポートを得ることができないのは、やはり信念システムが異なることに起因するのかもしれない。さらに、これらの結果から、申告をしない人に対して、「申告という行動はトラブルを引き起こすのではなく、患者の利益を守るために行う倫理的な行動であること」を認識させ、申告を適切に奨励し、申告を行った人に、組織や同僚からのサポートが得られると認識させることの重要性が指摘できる。

◆上層部管理者の態度と内部申告の関係を検討した研究

組織の末端の人や中間管理層の人が不正について組織内部で申告したくても、それが組織の規定や方針と一致していなければ、組織が彼らに対して不利益な扱いや報復的なことをする可能性がある。そのような場合には、内部ではなく、外部への申告に踏み込む可能性が高くなる。一方、組織文化、価値観、規範は組織上層部の影響を受けているので、一般社員や職員の内部申告に対する考え方も、上層部の態度や意見の影響のもとになると考えてよい。

キーナン（Keenan 1990）は組織の上級管理職の態度と内部申告について調査を行い、次のように指摘している。「企業が内部申告を適切に奨励すること（adequacy of company encouragement of whistle blowing）とは、『不正を指摘し、適切に申告すれば、組織のリーダーから充分な支持が得られると認知すること』であり、内部申告の奨励の欠如や、内部申告に関する規則の明文化の遅れ、内部申告に対する正しい認識の不備があると、組織内部に申告しようとする人が躊躇してしまうことになる。」

直属上司やその上の上司から報復がないだろうと予測すれば、内部申告に対する適切な認識は高まると考えられる。

これは、不正行為を行った人の地位や勤続年数と関係なく、申告した場合、申告者が公正に扱われると感じられるかどうかの問題である。もし、公正に扱われると感じられれば、会社が内部申告に対して適切に対応するという認識に影響があるであろう。

デモグラフィックな（人口統計学的）特徴との関係も予測可能である。男性で、勤務年数が長く、管理職なら、内部申告という行動をポジティブに認識する可能性が高い。たとえば、経験豊富な上級管理職は、組織内部の公式・非公式な権威と管理システムをより深く理解しており、内部申告を会社が促進することを肯定的に捉えるであろう。

そこで、キーナンは次の仮説を立てた。

「不法行為または無駄遣いについての申告を組織が奨励していることを正しく認知し、適切な申告先に関して適切な情報を持つことと、以下の項目には、正の相関があるだろう。」

①軽度な不正、深刻な不正、他人への危害に対して強いモラル認知（moral perceptions）を持つ。

②不正行為を目撃した、あるいは不正行為が疑われる場合、とるべき行動に関する組織の公式な行動規範と手順が存在する。

③不正行為を実行した当事者の地位や勤務年数による影響はなく、不正行為に対する公正な対応が行われると認識する。

④組織が内部申告者を保護するので、内部申告をしても報復を受けないと確信し、また内部申告したことに対して、直接の上司やそれ以上の上司から不利益な扱いを受けないことを確信する。

⑤男性である。

⑥本社より、本社以外のオフィスに勤務する。

⑦管理職としての経験が長い。

以上の仮説を確認するために、全米における企業の上級管理職（社長・ＣＥＯ・副社長）約１０００人を選出し、質問紙を送付した。

質問紙は、メリットシステム保護委員会の連邦公務員に対する質問紙に基づき、表現は民間企業の管理職に合うよう修正して作成された。質問紙には、組織におけるコミュニケーション風土と内部申告に関する質問が含まれていた。具体的には、不法行為・無駄遣いに関する申告に対して、会社の適切な奨励に関する項目や、申告先に対する知識に関する項目であった。また、さまざまな不正行為に対するモラル認知、組織における規範と慣行、内部申告をした場合に報復を受ける可能性の程度などに関する質問項目があった。

加えて、回答者の性別や、管理職としての経験年数、本社・支社・営業所勤務など人口統計学的特徴についても回答を求めた。

調査の結果

回収率は12％で、117人から回答を得た。回答者の平均年齢は47・3歳で、88％が男性だった。所属組織の規模は平均で498・3人。調査時点で回答者がいまの組織での平均勤務年数は13・9年、現任ポストに就任してからの平均年数は6・9年であった。83％が大卒以上で、45％が修士以上であった。

モラル認知は、不正の程度を測定する12項目の質問を用いて測定した。この評定データに対する主成分分析の結果、軽度な不正（たとえば、出張費用報告書に25ドルを水増しして飲み会の費用を捻出した）、他人への危害（たとえば、年齢、性、人種を理由に人を差別した）、深刻な不正（たとえば、会社のコンピュータソフトを不正コピーして人に売った）の三つの主成分が得られた。

組織の規則と慣行に関しては、内部申告に関する組織の規則と慣行に関する3項目、つまり、「内部申告に関する規定の文章化の有無」「どのような行動をとるべきかについての定期検査の実行」、「内部申告についての専門部署・専門担当者の有無」の、1次元の因子得点である。

内部申告に対する報復の程度の指標として、①内部申告に対する会社からの保護の適切性の程度、②内部申告をしても直接の上司から報復を受けない確信、③他の上司から報復を受けない確信、④所属している組織が内部申告を有効に保護できるかどうか、の四つの質問項目に対する回答の平均値が用いられた。

変数間の相関を調べたところ、まず「どこへ申告するかに関する情報の保有」との間に統計的に有意な正の相関が見られたのは、内部申告の奨励、軽度な不正、公正な対処であり、また負の相関が見られたのは報復への恐れであった。「内部申告の奨励」と有意な正の相関が見られたのは、どこへ申告するかに関する情報の保有、軽度な不正、規則と慣行、公正な対処であり、負の相関が見られたのは報復への恐れであった。

次に、「どこへ申告するかに関する情報の保有」と「内部申告の奨励」を目的変数として、重回帰分析を行った。「どこへ申告するかに関する情報の保有」は、報復の恐れと強い負の関係にある。そして、軽度な不正に対するモラル認知も統計的に有意な関連がある。他の変数は有意ではない。「内部申告の奨励」に関しては、報復の恐れがもっとも偏回帰係数の値が高い、負の関係にあることが示された。また、規則や慣行、公正な対応とも関係がある。他の変数は、統計的に有意な関連が見られなかった。

これらの結果に基づいて、キーナン（1990）は、不正に対する個人のモラル認知が申告先に関する情報量との間に相関があり、軽度な不正に対する申告をどこに持っていくべきかに関する情報の不足と関連していると考えている。また、公式な倫理規範を作っただけでは不十分で、組織の中での内部申告の方法や手順について、具体的な情報が必要である。そして、報復に対する恐れが、内部申告の奨励に関する認識と、申告先に関する知識に大きな影響を与えると主張している。

この研究は、組織の幹部の内部申告に関する考え方と、組織における内部申告に関する制度や、窓口を含む申告手順に関する情報の保有との関係を明らかにし、内部申告に関する規範規則の明文化と、その情報の周知の重要性を示唆している。

◆倫理教育と内部申告の関係を検討した研究

不正行為を内部申告するためには、高い倫理観が必要であるとも考えられる。それを実証するには、倫理教育が内部申告に影響を及ぼすのかどうかについて、実際のデータで確認する必要がある。

ここで紹介するレニーとクロスビー（Rennie & Crosby 2002）の研究では、大学の倫理学に関するカリキュラムを学習することで、内部申告に対する態度に変化があるかどうかが検討されている。レニーらは、スコットランドにある大学の医学部学生を対象に、内部申告に対する認識を調査した。詳細な内容は記述されていないが、医学部では、医者としての実践などのカリキュラムを学習している。学年が高くなるにつれて、医者の倫理に関する知識やルールもより豊富になると期待される。

この研究では、まず、1年生から4年生までの学生676人に対して、質問紙調査をした。その中に、内部申告に関して、ある学生が試験において深刻な不正行為をしたことを知っていたら、「教員に申告すべきか」「あなたなら申告するだろうか」という質問項目が設けられた。

調査の結果

全体として、「申告すべきだ」に対して、「はい」は39%、「いいえ」は13%、「わからない」は48%であった。「申告するだろう」に対して、「はい」は13%、「いいえ」は40%、「わからない」は47%であった。

そして、1年生は、他学年に比べて、「申告すべきだ」「申告するだろう」の割合がいずれも有意に多かったが、2年生、3年生、4年生の間には有意差は認められなかった。

全体として、申告すべきと考える学生が4割以下で、自分自身が申告したいという人が13%しかいないという結果は、内部申告があまり受け入れられていないことを示唆している。そして1年生よりも2年生以上の学生の態度がより否定的であるということは、倫理教育の失敗を意味していると、レニーらは解釈している。

面接調査

これらの大学生が不正行為に対する態度にどのような理由づけをしているかを調べるために、レニーらは、さらに質問紙調査に参加した大学生に対して、学年別のグループ・インタービューを行い、その内容を記録した。各グループには5名から8名の学生が参加し、内部申告について議論し、申告すべき理由、あるいは申告すべきでない理由を挙げた。

インタービューで挙げられた、申告する理由、申告しない理由をポジティブ要因、ネガティブ要因、申告プロセス要因に分けて整理したところ、「申告しない理由」に関しては、ポジティブ要因として「友情」、ネガティブ要因として「同僚からの報復」「不正行為だったが、容認できる慣例であった」「保身」「（摘発するのは）学生の責任でない」、そしてプロセス要因として「明白な方針はない」「申告しても無駄」「証拠が求められる」「不正に関する判断基準は不明」が挙げられた。

また、「申告する理由」に関しては、ポジティブ要因として、「患者が被害を受ける」「基準を維持するため」「不正を行った人を助ける必要がある」「個人が持つ道徳感」、ネガティブな要因として、「違反者への報復」「違反者への制裁」が、そしてプロセス要因として「明白な行動指針がある」ことが挙げられた。

しかし、データが少ないせいもあり、これらの理由における学年による違いについては、言及されていない。

以上の結果から、レニーらは次のように指摘している。

内部申告に対する態度や認識は、単純な倫理問題ではなく、内部申告に関する制度上の明瞭な規定の有無が大きく影響する。また、「友情」「これからずっと一緒に仕事をするので、人間関係を壊したくない」などの思いが強かった。それに、不正があった場合の申告が義務になっていないことも、内部申告に積極的でない理由の一つであった。

◆倫理教育と内部申告の関係を検討した縦断研究

医学部大学生の内部申告に対する態度については、もう一つ研究がある。ゴールディら（Goldie Schwartz McConnachie & Morrison 2003）は、イギリスのある大学の医学部学生に対して内部申告に関する調査を行った。この医学部では、１９９６年度から新しいカリキュラムが導入され、倫理と法律に関する教育が継続的に5年間行われることになっている。カリキュラムの最初の3年間に倫理学関係の科目が職業教育として行われる。最初の一年は主に倫理学、また、4年目と5年目の倫理教育は主に職業生活の準備、チームワークや事例の分析などの教育が行われる。

ゴールディらは、上述のカリキュラムを受けた大学生に対して、縦断研究を行った。つまり、1年生の初めと終わり、3年生の初めと終わり、5年生の初めと終わりで、医療倫理質問紙（Ethics in Health Care Instrument EHCI）に回答してもらった。質問紙は12の例話で構成されているが、内部申告に関する例話に対する答えとその理由の分析が報告されている。以下は内部申告に関する「研修医」という話と質問を訳出したものである。

質問10　研修医

あなたが医長（senior house officer）だと仮定します。ケーズ夫人は54歳の患者で、あなたの担当する病棟に来て9日になりました。彼女はガンの末期患者ですが、意識ははっきりしています。痛みを和らげるために、彼女は医者に「苦痛がないように」とお願いしていました。そして、医者は指示書にこれを書いて、治療の原則にしました。ある日、ケーズ夫人はあなたに次の話をしました。最初の孫が生まれるまで生きていたいとのことでした。その日の夜、あなたは勤務中にケーズ夫人のところに呼び出されました。ケーズ夫人が心不全になってしまったのです。あなたがその日にケーズ夫人と話した内容を伝えましたが、治療チーム責任者の研修医は、蘇生措置を行わないようにしました。

あなたの選択肢

（1）何もしない

（2）この出来事を担当の顧問医師に詳細に話す

選択した理由をも書いてください。

この調査では、同じ質問紙を使って4回の調査を行った。4回すべてに参加した学生は30名である。

調査の結果

調査の結果、「何もしない」と「顧問医師に話す」（内部申告）の選択において4回の調査の間に有意差はなかった。つまり、内部申告に関する例話で設定した状況に対する反応は、カリキュラムが進んでもほとんど改善されなかったということである。

また、選択の理由のデータを3水準に分類し、それぞれの水準の割合を検討した。

水準3　ある選択肢をとる場合、問題を特定し、分類し、そして分析する能力を示すと同時に、他の行動をとった場合の対応能力を示している。

水準2 ある選択肢をとる場合、問題の中の一つあるいは複数の倫理問題を特定し、分類し、そして分析する能力を示している。

水準1 ある選択肢をとる場合、問題の中の一つあるいは複数の倫理問題を認識、特定する能力を示している。

また、価値認知についても4水準に分類した。

水準4 回答者が、自分の行動に含まれている価値システム、意志決定や広範な社会に関係する価値システムを認識している。

水準3 回答者が、自分の行動に含まれている価値システムおよび意志決定に関係する価値システムを認識している。

水準2 回答者が、自分の行動に含まれている価値システム、あるいは意志決定に関係する価値システムを認識している。

水準1 回答者が、自分の行動に含まれている価値システムや意志決定に関係する価値システムのいずれも認識していない。

実際に、4回の調査で、選択の理由の水準はほとんどがすべて水準1で、4回の調査の間に有意差はなかった。また、価値認知はほとんどが水準2で、これも4回の調査の間に有意差はなかった。つまり、医学部のカリキュラムの中で倫理学や法律などについての学習が行われたにもかかわらず、その学習の異なる段階において、内部申告に関する例話に対する反応に変化が見られなかったのである。

この結果について、ゴールディらは次のように解釈している。多くの学生がこの例話の倫理問題を認識することができなかった。申告する理由に関しては、医者の自律性（autonomy）の観点からの分析が比較的に多く、他の倫理問題や法律問題の観点からの分析は少なかった。また、内部申告への意識に変化が見られなかったもう一つの理由としては、カリキュラムの中に、明白に内部申告に関するものはなかったことを指摘している。つまり、倫理学に関わる授業の中で、内部申告を明白に取り上げなければ、医学生の内部申告に対する態度は変わらないということが示唆されたとしている。

◆熟考行動モデルによる内部申告行動予測の研究

ここでは熟考行動モデルを使って内部申告行動について検討した、エリスとアリエリ（Ellis & Arieli 1999）の研究を紹介する。

熟考行動モデルとは、態度、主観的規範、行動意図および行動間の関係を予測するフィッシュバインらのモデルである（Azjen & Fishbein 1980）。（熟考行動についての詳細は、第4章を参照していただきたい。）

モデルでは、人がある行動をとるかどうかは、行動意図により決まると考える。ある人の行動意図は、行動に対する態度と、主観的規範によって決まる。行動に対する態度とは、その人が行動に関してもつ信念、つまり、行動の結果の認知（たとえば、「この不正行為について申告したら、部隊での昇進が影響する」「この不正行為について申告したら、上司や同僚に『密告者』と見られる」など）と、その結果に対する評価である（たとえば、「早く昇進することは私にとって大変重要である」「同僚がどのように考えるかは私にとって重要ではない」など）。一方、主観的規範とは、自分が行動をとったときに、自分にとって重要な他者（準拠者 referent という）が、その行動をどのようにとらえるか、についての認識である。

エリスとアリエリは、イスラエルの軍人を研究の対象者にして調査を行った。対象は、将校コースの修了生で、指揮権のある職位あるいは参謀の職位にいる、21歳から35歳の男性であった。予備調査では192名（回答者は166人）を対象にして、イスラエル軍における申告（reporting）の状況について調べた。本調査では、別の178人（回答者は109人）が対象であった。

対象者への質問は、軍における内部申告に関するもので、以下の通りである。

・軍は、不正に関する申告に、どの程度適切に対応しているか
・同僚は、どの程度不正について上司に報告しているか
・貴官の上司は、不正についての申告をどの程度期待しているか
・軍の中で、不正についての申告に関する規範はどの程度あるか

・所属において、申告されていない不正がどの程度あるか

組織内の不正を申告する場合、申告者は上司からの評価や感謝、奨励を期待する一方で、組織によるネガティブな反応を警戒する。ネガティブな反応とは、さまざまな形の不利益な扱いである。同僚などの規則違反を見た場合の申告について考えるとき、軍隊という組織も軍以外の一般の組織と同じであるとエリスらは指摘する。軍では、経歴上、要職に指名されることが非常に重要である。万が一、「密告者」というレッテルが貼られてしまうと、要職への昇進の望みも難しくなる。そのような懸念が、不正申告の妨げになる。一方、イスラエル軍では、申告者を大学に進学させたり、外国研修に行かせたりするという政策を採用することで、申告を奨励することもできる。

イスラエル軍には、内部申告先として、通常の指揮系統とは別に四つが用意されている。軍人も軍人の家族も同様に、イスラエル軍の軍人オンブズマン（トップは将軍級）、広報室（トップは大佐級）、イスラエル軍の司法長官、憲兵調査部に申告できる。後の二つは違法行為が行われた場合の申告先である。これらの申告先は軍内にあるが、申告者にとっては所属部隊の外部である。他にも、組織外部の窓口として、軍監査官室（トップは将軍級）がある。この外部の監査機関を除き、外部への申告はほとんど不可能である。

また、イスラエル軍には自らの法律、軍法がある。軍の内部には、軍事法廷、弁護士、警察、監獄などのシステムがある。

エリスらによれば、イスラエル軍は、不正行為の申告の重要性を教育するとともに、不正行為の情

報隠匿に対して厳罰で臨むことを強調しているという。つまり、軍は教育、法的手段の両方を用いて軍内部での申告を促進し、外部への申告を防ぐようにしているというわけである。

軍隊という特殊な組織は、民間よりもはるかに帰属意識が強い。この帰属意識は個人を民間社会から隔離させ、また集団における不正の隠蔽を強める可能性もあるが、内部申告意図と行動の予測に関しては、特に不都合はないと考えられる。

本調査に先立つ予備調査では、軍における不正行為（規則違反）の典型例を調べ、その結果に基づいて、本調査の質問票に三種類の不正行為の仮想状況を用いた質問が設けられた。

状況1　貴官の旅団で貴官より階級の高い将校が、訓練における機械の稼働時間について虚偽の報告をしていた。

状況2　貴官の旅団で貴官より階級の高い将校が、規定に違反して、兵士に休暇を与え、ヒッチハイクの許可もした。

状況3　貴官の旅団で貴官より階級の高い将校が、予告なしの訓練の内容を事前に訓練生に教えた。

それぞれの状況に対して、「貴官はこのような状況に置かれたら、申告するか」という質問に、7件法で評定を求めたものが、行動意図の得点である。

行動に関する信念は、申告によるポジティブとネガティブな結果を、両方リストにして提示した。それには、以下のような分類が用いられた。

・組織による報復と、ポジティブな反応（軍における昇進に反映される）

・組織内における評判（ポジティブ・ネガティブな反応「旅団で兵士と指揮官が私と対立するようになる」）

・仕事に対するよい影響と悪い影響（「旅団の兵士の技術レベル（professional level）が落ちる」「旅団のイメージがよくなる」）

先の状況1、2、3に対する申告した場合の結果例がそれぞれ21項目、18項目、15項目ずつ用意された。これらの各事象について、実際に自分に起こりうる可能性と、その結果が自分にとってどれだけ重要かについて7段階（−3から＋3）で評価してもらった。行動に対する信念は、この二つの得点の積和から算出された。

次に、規範的信念を調べるために、7種類の人物（配偶者、家族「親、兄弟」、直接の上司、直接の上司の上司、職場の親友、軍組織以外の親友、部下、その他）のリストから、自分にとって重要な人を5人選んでもらった。各状況において、それぞれの重要な人物は、申告したらどういう態度をとると思うかを想定して評定してもらった。さらに、それぞれの重要な人物の考えに従うかどうかという、動機づけの評定を求めた（7件法、−3から＋3）。規範的信念は、重要な人物の考えに関する評定値と、その考えに従う動機づけの評定値の積和から算出した。

また、申告行動に対する全体的な態度と、主観的規範について、SD法による評定も行っている。三つの状況の申告に対して、①「有害—役に立つ」②「負の効果—正の効果」③「やる価値はない—やる価値がある」④「良くない—良い」の四項目について7段階尺度の評定を求めた。

調査の結果

最初に、申告行動に対する全体的な態度と、主観的規範、行動意図の間には、高い相関が見られた。三つの状況別に、申告の意図を目的変数として、申告行動に対する全体的な態度と、主観的規範を説明変数として投入した回帰分析を行った。その結果、申告意図は、主観的規範により強く規定されるが、申告行動に対する全体的な態度の規定力は弱かった。

また、各状況について、行動に対する信念と、規範的信念の得点を投入して回帰分析を行った結果でも、類似して、規範的信念の規定力が高くなったが、説明力は低いものであった。申告行動に対する全体的な態度と、主観的規範は、SD法によって直接測定されたものであるのに対して、行動に対する信念と規範的信念は、測定値から得られた計算値であることに起因する結果とも考えられる。ただし、全体的には、行動に対する態度や主観的信念よりも、主観的規範や規範的信念の規定力が勝るという点においては、繰り返し一致した結果が得られていた。

さらに、申告した結果、各事例が起こりうるという可能性の評定値と、その結果の重大性との積を指標として、行動に対する信念の評定値に対する因子分析を行った結果、利得（ポジティブ）因子と損失（ネガティブ）因子の二つの因子が抽出された。それら二つの因子の因子得点と申告意図との相関係数を分析した結果、以下のことが明らかになった。

①状況1（稼働時間虚偽報告）と状況3（訓練事前漏洩）において利得因子と申告意図との相関が比較的に大きく、ポジティブな結果が予測される場合ほど申告意図が強くなる傾向があった。また、状況2（休暇許可違反）において損失因子と申告意図との相関が比較的に大きかった。

②状況1（稼働時間虚偽報告）と状況3（訓練事前漏洩）において、申告によって起こりうるネガティブな結果の予測は、申告意図にほとんど影響を与えなかった。

③望ましい事象と申告意図との相関は、状況1（稼働時間虚偽報告）のときだけ有意に認められ、他の二つの状況においては有意な相関は見出されなかった。つまり、望ましい事象は、申告意図に影響を与える場合と与えない場合の両方があった。

さらに、申告結果の事象例を個人にふりかかる結果と組織にふりかかる結果に分類し、それに対応して、結果の可能性と重要性の評定値の積を求め、申告意図との相関係数を算出した。その結果、状況3（訓練事前漏洩）においてのみ、個人にふりかかる結果の評価と、申告意図の相関が有意になった。組織にふりかかる結果の評価と申告意図の相関は、三つの状況すべてにおいて正で、かつ有意だった。

以上の分析は、申告するかどうかの意図は、申告によって組織にふりかかる結果の予測評価に左右されることを示している。個人にふりかかる結果は、申告の対象となる行為によって、申告意図に影響する場合もしない場合もある。

この研究で、内部申告という行動の意図に関しては、主観的規範の効果が、行動に対する全体的態度の効果よりも大きいという結果が得られた。これは、熟考行動モデルを用いて行われた従来の研究知見とは異なる。従来の研究で用いた行動は、購買行動や投票行動であり、その場合には、主観的規範よりも、行動に対する態度の影響のほうがより強かったのである（Ajzen & Fishbein 1980）。

内部申告の場合には、倫理規則があいまいなため、自分の態度や信念よりも、他人の意見がより重要になるという可能性をエリスらは示唆している。軍隊という非常に特殊な組織であることが影響することも考えられるため、他の組織における実証データによってさらに検討する必要もあるだろう。

◆内部申告の実態に関する研究

実際に内部申告が行われた場合、どのような状況だったかについての研究は少ないが、いくつか行われている。たとえば、法制度の変更にともない内部申告がどのように変わったかの研究、不正の種類の検討、内部申告の有効性の認知に関する研究、セクシャルハラスメントの申告を内部申告として検討した研究などである。

これらの研究は、組織の特徴と、内部申告者の特徴とを一緒に検討している。特に、組織の特徴に関する知見については、今後の研究において考慮する必要があるだろう。

不正行為の分析

これは、1980年にアメリカ連邦政府のメリットシステム保護委員会が行った調査データを解析しなおしたものである（Miceli & Near 1985; 2002）。調査は、連邦政府の15の部局に勤務する75万7000人の従業員から1万3000人を調査対象者としてランダムに選び、調査票を送付して行われた。分析で用いられた項目内容は次の通りである。

①不正行為を見たときの行動について、自分の仕事に関連するか否かにかかわらず、

（a）最近一年以内に、不正行為を直接に見たり、あるいはその証拠を得たりしたか

（b）その不正行為について誰かに通報したか

（c）誰に通報したか

（d）通報した場合、通報先は組織内部の人か、組織外部の人か

ここでは、組織内部での通報は、直接の上司、直接の上司以上の上司、あるいは組織内の人事部門や監査部門への通報である。組織外部への通報は組合、メリットシステム保護委員会、会計検査院、国会議員、マスコミへの通報である。

②もし不正を見たことがある場合、見かけた不正の証拠はどのような種類のものだったか。たとえば、「不正が行われているのを直接に見かけた」、あるいは「不正行為に関する文書を見かけた」。

③不正に関する証拠を何種類得たか。

④見た不正行為は回答者本人の利益とどの程度関係しているか。社会的に重大なのか、個人的に重大なのか、それとも両様に重大なのか。
⑤不正の深刻さとして、被害の総額や頻度はどの程度か。
⑥組織内の不正目撃者の人数と、組織の構成員の人数。両者の比を使って組織内の不正行為が発見される偶然性を表す。
⑦見た不正行為の数。10種類の不正行為から当てはまるものを選択させた。
⑧内部申告についての信念、および、組織風土は申告者を報復から守れると思うか否か。回答者の主観的な評価。

また、回答者の所属する組織が公開している資料から組み合わせて検討したのが、以下の項目である。

⑨組織の不正対策に関する情報。雇用契約書類の中に内部申告に関する内容の占める割合。
⑩内部申告についての広報活動。内部申告に関するルールや方法などを従業員に伝える手段（たとえば、ポスターやハンドブックなど）の種類。

調査対象者の66％にあたる８５８７名が回答した。そのうち４７１４人は不正を目撃していなかったため、分析から除外された。不正を目撃したが、通報しなかった人は２５２２人、内部申告をした人が1060人いた。1060人のうち、組織内部へ通報した人が907人、組織外部のみに通報した人が53人、そして組織内部と組織外部両方への通報をした人が19人であった。

内部申告に関する影響要因について複数の側面から検討がなされ、次のことが明らかになった。まず、内部申告者は、申告しなかった人より多くの不正の証拠を持っていた。また、申告しなかった人よりも、目撃した不正から比較的に直接、個人的な影響を受けていた。組織内部に通報した人に比べて、組織外部へ通報した人は、不正が比較的に重大で、かつ気づかれやすいもので、また所属している組織の組織風土において報復の脅威が高いと認識していた。この結果から、日常的に重大な不正が行われ、そして通報すれば組織によって報復される可能性が高いと判断した場合、外部への通報が選択されやすくなることが示唆された。

また、不正行為に関してどの程度証拠を掴んでいるかと、その不正行為について申告するかどうかとの関係を検討したところ、以下の傾向が見られた。

不正行為を知った場合、組織外部へ申告した人は、申告しなかった人よりも、不正に関する多くの証拠を持っていた。一方、不正行為を知りながらまったく通報しなかった人と、内部に通報をした人との間には、証拠の数に統計的な差がなかった。この結果は、組織内部での通報には、多くの証拠を必ずしも必要としないが、組織外部への通報をしようという場合には比較的に多くの証拠を必要とすることを示唆している。

そして、外部よりも内部通報が起こりやすい背景には、組織内の不正行為が元々少なく、かつ、通報への報復が少ないと予測され、さらに、比較的に重大な不正の存在を知ったこと、が挙げられた。しかし、組織外部への通報に関しては、このような傾向は見られなかった。この二つの傾向をまとめると、まれに重大な不正があった場合、通報による報復が少ない組織風土であれば、組織外部への通報よりも、組織内部の通報の可能性が大きくなる、ということである。

さらに、不正行為を目撃したケースのみで、不正行為の頻度と、通報に対する報復を統計的にコントロールすると、通報した人と、しなかった人の所属する組織には、特段に差が見られなかった。ただし、通報しなかった人は、通報者に比べて、「自分の知った不正行為の数が少ない」と報告する傾向があった。

組織内に、内部申告に関する資料や広報が数多く用意されていても、それが内部申告を増加させる傾向は見られなかった。内部申告に関する広報の種類が多い場合、組織メンバーの内部申告に関する知識が多く、内部申告の方法についても情報が多いと考えられるが、それがただちに通報傾向の増大につながるという単純な関係ではないことが示唆された。

最後に、構成員数が多い大組織においては、内部通報が多かった。組織のサイズと内部通報との関係は、実験室で得られた検証結果（Miceli, Dozier, & Near 1991）とも一致している。

内部申告の有効性の知覚についての分析

ミセリとニイアは内部申告が行われる要因のほかに、内部申告の効果についても検討している（Miceli & Near 1985 2002）。

内部申告は、どのような状況において有効だったと認識されるのだろうか。

連邦政府職員に対する調査では、「内部申告した」回答者に、内部申告の有効性を答えさせている。選択肢は、「問題がまったく解決されなかった」「部分的に解決された」「問題は解決済みである」といったカテゴリーである。この選択を点数化し、以下の要因との相関が検討された。

①通報者の職務役割。通報したことは職務の一部か。たとえば、検察官や調査員、品質管理専門家などは、問題の指摘と通報が仕事である。

②報復、または、報復があると脅迫を受けた経験の数。組織が申告に対してとった対応。たとえば、「業績に対する評価を下げられた」「昇進を拒否された」「職業訓練を受けたいが、拒否された」「今までの仕事と比べて、重要度の低い仕事にまわされた」「今までの仕事から、自分にとって好ましくない仕事へのシフトを強要された」「転勤させられた」「今までの仕事からはずされた」「職位を下げられた」などである。

③通報した不正の深刻度。3件法による評定。点数の少ないほうが深刻である。

④通報先のレベル。直接の上司の場合1点、それ以上の場合2点。

⑤学歴レベル。高卒は1点、大学院または専門教育は5点。

⑥給与レベル。回答者の給料の等級。

その結果、主に以下の4点に有意な相関があった。

①通報の有効性の認識と役割の間には、正の相関があった。不正行為を是正する職務役割をもつ人による内部申告は、最終的に有効な改善がなされる可能性が大きい。

②不正の軽さと通報の有効性には正の相関があった。つまり、軽微な不正行為ほど、内部申告によって改善される程度が大きかった。

③通報先と通報の有効性には正の相関があった。つまり、不正行為について直属上司以上の上司や、省庁の監査室のように、上位への通報は、改善効果が大きい。

④通報の有効性と報復には負の相関があった。つまり、組織が通報に対して大きな報復を行えば、内部申告によるが改善は難しい。

セクシャルハラスメントに関する通報についての研究

セクシャルハラスメントに関する本人および第三者による通報は、内部申告の中で頻度の高いもののひとつである。したがって、セクシャルハラスメントに関する内部申告は、それ以外の問題全般に関する内部申告と類似したデータパターンを示すと考えられている。

ミセリらは、アメリカのメリットシステム保護委員会が1994年に行った約1万3200名の連邦職員の調査データ（回答率61％）を用いて、セクシャルハラスメントに関する申告とそれによる改善効果について検討、報告している（Miceli & Near 2002）。

この調査は、回答者自身がセクシャルハラスメントを受けた経験がある場合に、内部申告という手段を用いたかということに注目した。自分自身が被害者であるため、一般的な内部申告とは異なる。しかし、通報者が当事者として「不正行為」をよく知っていること、通報して不利益な扱いを受ける可能性がある、という点において、内部申告の一種と考えられる。

主な質問項目は以下の通りである。

①8種類のセクシャルハラスメントについて、過去2年間、受けた経験があるか。

②受けたことがある場合、その中の最近の事例、あるいは最も被害の大きい事例についての詳細。

③上司または雇用機会均等（Equal Employment Opportunity: EEO）委員会の相談員などに通報したか。所属の組織に対して調査の申し入れをしたか。

④訴訟を起こしたか、外部機関に対して調査を要請したか。

自身がセクシャルハラスメントを受け、上司または雇用機会均等委員会に通報したが、訴訟や外部機関に対して調査を要請するには至っていない回答者は、「組織内部での通報者」に分類された。この内部通報者は、全調査対象者中の２８６名であった。一方、セクシャルハラスメントを受けて、訴訟を起こしたか、あるいは外部組織に対して調査の要請をした回答者は、「外部通報者」に分類された。これに相当する回答者は38名であった。外部通報者は全員、組織内部の誰かにも通報していた。

このほか、セクシャルハラスメントを経験したことのない人が５１８２人、経験したが通報しなかった人が２３６２人、その他、記入もれなどで回答が分析の対象とならなかったのが２１３人であった。

ミセリらは、「通報した」と答えた回答者に、通報による効果を5段階で評定してもらった（1：事態が悪化した、2：何もしてくれなかった、または事態が変わらなかった、3：まだ調査検討中。または管理層が何をしてくれているかは分からない、4：事態がよくなった、5：他の（非公式または正式な）措置で状況が改善し、それに満足している。あるいは事態が改善されたり、セクシャルハラスメントした人に対する処分がとられたりした）。

さらに、通報による改善の程度を測る要因として、以下の項目の回答を求めた。

①報復について——通報してから受けた報復の内容と数。これは以下の6種の報復のうち、通報者本人が受けたものをすべて選択してもらい、その個数を報復の指標とした。「私の仕事の内容と状況が悪くなった」「私の昇級、昇給、あるいは、よい業績評価が拒否された」「私の意志に反して、配属転置させられた」「解雇させられた」「転職・転勤させられた」「次の仕事が決まらないまま、仕事を辞めさせられた」。回答は0～6点にスコアリングされた。

②セクシャルハラスメントの軽さ——セクシャルハラスメントを受けた頻度の程度を表す。つまり、「いやな性的言動がどれほどの頻度であったか」に対して、1～5で5段階評定してもらった。

③セクシャルハラスメントの継続期間——「自分に対するいやな性的言動がどれほどの期間続いたか」に対して回答者に5段階評価をしてもらい、「6ヶ月以上」（1）から「1週間以内の場合」（5）というように指標化した。

④学歴

⑤ 給与レベル

分析の結果、セクシャルハラスメントの継続期間が短いほど、通報による改善が大きいという正の相関、そして、通告への報復的待遇が重い場合には改善がなされないという負の相関が確認された。

この結果は、セクシャルハラスメントの改善効果は、セクシャルハラスメントの継続期間が短く、また報復が少ない場合、より効果的になることを示している。つまり、問題がまだ小さいうちに通報すれば是正が望みうるが、通報に報復が起こるような組織では、問題の解決がうまくいかない。組織において、通報者を保護するような制度と風土を作ることが大事であることが示唆された。

さらに、通報者の学歴や給与のレベルといった個人属性が、セクシャルハラスメントに対する通報の改善効果に影響を与えることはなかった。

セクシャルハラスメントは、職場における倫理違反の主要なもののひとつであるから、この知見そのものの価値も大きいが、このような傾向は、セクシャルハラスメント以外の非倫理的企業内行動全般にも該当すると考えられる。

内部監査のケース

アメリカでは、多くの組織で倫理規範が作られており、法律違反や倫理違反の可能性のあることを知った場合には、組織の構成員全員に通報義務があるとされている。しかし、内部から内部への監査については、組織の上層部がリップサービスをすることがある。すなわち、建前としては不正の制止を奨励しながらも、実際問題としては不正行為についての通報に否定的に対応するということがありうる。そこで、職場の環境や、個人の属性が、内部申告の効果にどのような影響を与えるかについての調査をミセリら（2002）が実施した。この研究の目的は、内部監査における効果的な内部申告がどのような状況で行われるかを明らかにすることである。

この調査は、アメリカ内部監査人協会（Institute of Internal Auditors）を通じて行われたもので、北米在住の会員の中から内部監査部長職（Directors of Internal Auditing：日本では監査担当役員に相当する）の地位を持つ人を対象者として選び、質問表を郵送し、匿名回答をしてもらった。

質問事項は以下の通りである。

①過去1年間に別途リストアップした14種類の不正を経験したことがあるか。

この質問に「はい」と答えた項目のある人に、さらに

②経験した不正の中から、もっとも深刻なものについて回答してもらった。

③その不正についてCEOやCFO、あるいは不正行為が行われた部門の長、または監査委員会に通報したか。

④外部監査機関の内部監査人協会または他の専門機関、政府機関、マスコミ及び他の外部機関に通報したか。

申告の効果について、「不正が止まらなかった」「検討中だが、解決できるとは思わない」「検討中だ

が、解決できると思う」「不正行為が完全にストップした」などのカテゴリーを用意して選択してもらい、この選択を点数化した。

また、申告の効果の規定因となる可能性のある要因として、次の三変数をあらかじめ特定し、回答を求めた。

①**役割規定**——通報することが職務範囲に求められているかどうか、組織の中での合法性があるかどうかに関するもの。「私の仕事は、通報を要求していない」は1点、「どちらでもない」は2点、「私の仕事は通報を要求する」は3点のように、役割規定との関わりを点数化した。

②**報復**——内部申告を理由に、受けた報復についての状況。「業績に対する評価が下がる」「昇進の拒否」「トレーニングチャンスの拒否」「現在の仕事において、好ましくないまたは重要度の低い仕事が指定される」「現在の仕事から好ましくない仕事にされる」「異なる地方の職場にとばされた」「現在の仕事からはずされた」「職位を下げられた」「契約打ち切り」「同僚からの仲間外れ」「同僚から不平を言わないように圧力をうける」などの項目から当てはまるものを選択してもらった。当てはまるとして選択された項目の個数を、報復の指標とした。

③**不正の被害の深刻さ**——不正に関わる金額と頻度に関する状況を選択してもらった。たとえば、「10万ドル以上、または時々」は1点、「100ドル以下、または一度のみ・偶然に」は3点、「10年以上前から不正が行われた」は1点、「1～6ヶ月前から不正が行われた」は5点のように点数化した。

これらの予測変数のほか、教育レベル（「高卒」は1点、「博士」は5点）や、給与（年収の範囲を等間隔に9段階に分け、点数化した）、そして組織の種類（セクター、「民間企業」か「公的機関」）について記入を依頼した。

調査対象者の27％（１０５０人）から回答が得られた。回答者の89％が民間企業の所属である。回答者のうち、組織内部のみでの申告者が４１９名であった。外部へ通報した申告者が２７１人で、うち２６５人は組織内部でも通報した。不正を見たが、通報しなかった人が65人で、不正を見なかった人が１７７人であった。また、回答が不完全、または不一致の人が計１１３人であった。

回答のデータを解析した結果は以下の通りである。

内部申告の有効性評価と正の相関が認められたものは、給与のレベル、役割規定、不正の被害の深刻さ、不正の持続時間の短さ、組織上層部に通報するかどうか、組織の内部監査委員会に通報するかどうか、であった。

また、通報・申告の有効性の評価と報復との間に、負の相関も認められた。

これらの結果を解釈すると、以下のようになる。

まず、給与が高い人ほど通報の有効性を高く評価する傾向があった。不正に対する指摘が職務内容の一部と規定されている人ほど、内部申告の有効性を高く見る傾向があり、不正による被害が深刻で、継続時間が短い場合に内部申告による改善効果が大きいと考えられている。また、組織の上層部、あるいは組織の内部監査委員会に通報したほうが、効果が大きいと考えられていることも示唆されている。最後に、内部申告者に対する報復が重いと考えられる場合に、申告の効果が低いと考えられていることもわかる。

他方、内部申告時点までの通報・申告経験の有無（組織内部へのものと外部へのものの両方を含む）は、申告の有効性認知と無相関だった。また、学歴と申告の有効性認知も無相関だった。

法的整備と内部申告の関係を検討した研究

内部申告を適切に促進するためには、内部申告者の保護が不可欠である。内部申告者保護に関する法や規則の制定と施行によって、内部申告者への報復が禁止され、内部申告に踏み込む大きな障害が取り除かれたと考えられる。しかし、実際の内部申告行動自体に対してどのような影響を与えうるであろうか。

この問題についてミセリら（Miceli, Regh, Near, & Ryan 1999）は、アメリカのメリットシステム保護委員会の調査データを使って検討している。ミセリらは、アメリカ社会においては、政治家が潜在的な申告者を報復から保護することで内部申告が促進されると考えられていたが、この考えは連邦法（Miceli & Near 1989）や州法（Dworkin & Near 1987; Dworkin & Near 1997）に関する予備調査のデータによっては支持されなかった。１９７８年の公務サービス改革法（Civil Service Reform Act of 1978 CSRA）によって設立されたメリットシステム保護委員会は、数年おきに連邦政府公務員を対象とした質問紙調査を行っている。

ミセリらは１９８０年、１９８３年、そして１９９２年の3回の調査データを用いて、法律の効果について検討した。

1980年の調査は、公務サービス改革法が制定された間もない時期に行われた。調査時点で公務員の内部申告者に関する保護は法律で決められていた。

1992年の調査は、内部申告者保護法（The Whistle-blower Protection Act of 1989）が制定された後であった。この法律は公務サービス改革法を強化するために作られた法律である。このように、1980年から1992年にかけて、内部申告者保護に関する法律が整備されてきたため、3回の調査結果の違いは、内部申告者保護に関する法律の効果の浸透を示すものと考えることができる。

ミセリらは、法律による内部申告への影響があるとすれば、3回の調査のうち、後になるほど、次の諸点が見られるであろうと予測した。

・認知された不正行為が少なくなる。
・不正行為が認知されたら、申告される可能性も大きくなる。
・実名申告者の割合が大きくなる。
・実名申告の後の報復の報告が少なくなる。

また、内部申告の対象となった不正行為の深刻度が高いほど、組織のその不正に対する依存度が高いという資源依存理論に基づくと、申告した内容が深刻であるほど、報復も大きくなると考えられる。

一方、ミセリとニイア、パーマーリーら（Miceli & Near 1989; Near & Miceli 1986; Parmerlee, Near,

& Jensen 1982）は、組織内の支援（トップ、上司、中間管理職）を受けた内部申告者が報復を受けることが少ないと報告しているので、次のような仮説も検証の対象となった。

・申告者の勢力が弱く、かつ、組織のトップからの支持が得られない場合、より大きな報復を受ける。
・申告者の勢力が弱く、かつ、上司からの支持が得られない場合、より大きな報復を受ける。
・申告者の勢力が弱く、かつ、同僚からの支持が得られない場合、より大きな報復を受ける。
・地位が低いことや、他のデモグラフィックな特徴において不利な立場（低学歴、低収入、専門職でない、勤続年数が少ない、作業効率が低い、女性、有色人種など）である場合、申告者の勢力が弱いので、比較的に大きな報復を受ける。

3回の調査データは、メリットシステム保護委員会が連邦政府の正規職員に郵送した質問票（自宅または職場）により収集された。1回目（1980年）はランダムに選出した約1万3000人の対象者の66％が回答した。2回目（1983年）は7632人の対象者の65％、そして3回目は2085 1名の対象者の64％が回答した。

調査の質問に基づいて、以下の変数構成が作成された。

・不正を見た経験の率――過去1年間に10種類の不正を組織の中で見た人の割合。

・申告経験率――不正を見た経験の中で、最も深刻な事例について、次の申告先に申告したかどうか。直属の上司、それより上の上司、監査部門、あるいは四つの組織外の申告先。それぞれの機関で、不正を見た経験のある職員の総人数の中、申告した職員の人数の割合。
・実名申告率――それぞれの機関において、申告者の中、実名申告者の割合。
・報復率――実名申告者の中で、報復（業績評価が低く付けられた、不当に転勤させられた、左遷・降格させられたなど）を受けたと報告する人が全申告者に占める割合。報復については、比較可能にするために、9種類の分類のみを用いた。実際に行われた報復と脅しも含めて、報復とした。
・報復の深刻さ――用意された報復の種類リストから選んだ、当該報復の種類数。
・不正の深刻さ――深刻さについての3件法の評定値。
・組織からのサポート欠如、上司からのサポート欠如、同僚からのサポートの欠如――実名申告者は自分の申告に対して、自分より地位の高い人が、上司が、あるいは同僚が不満を持っているかどうかに関する評定値。

これ以外に学歴、給与階級、専門職の地位、勤続年数、業務評価の結果、性別、人種に関しても回答してもらった。主な結果は以下の通りである。

・不正行為の経験率に関しては、第2回調査（18％）と第3回調査（14％）が、第1回調査（45％）

より有意に低い。

・申告経験率に関しては、第3回（48％）が第1回（26％）より有意に高かった。第2回（40％）とは有意差はなかった。

・実名申告経験率に関しては、第3回（55％）と第2回（60％）のどちらも第1回（74％）より有意に低い。

・報復率に関しては、第3回（38％）が第2回（21％）と第1回（17％）より有意に高い。

・さらに、報復の深刻さを従属変数とする重回帰分析によって、以下の知見が得られた。3回とも、組織支援の欠如と、直属の上司支援の欠如の両方が報復の深刻さを規定する有意な独立変数であった。同時に、同僚による支援の欠如は有意な独立変数ではなかった。また、学歴は、第1回と第2回の調査では有意な規定因だったが、第3回の調査では統計的に有意な規定因ではなかった。勤務年数や専門職の地位、性別の効果はいずれの調査でも有意な独立変数ではなかった。人種の効果は認められ、申告者が白人以外の場合に受ける報復が深刻であることが示された。

以上のように、法律の施行から年を経て調査した結果、不正行為を見たという報告が少なくなったのは、実際に不正行為が減少したからとも考えられる。また、不正行為を見た人のうち、申告する人の割合が後になるほど多くなった。法整備とその浸透によって申告がしやすくなったという解釈もできる。社会における内部申告に対する受容度が高くなって、申告できるようになったため、「申告した」と答えるようになったと考えることもできる。

しかしその一方で、法律施行後、年が経つほど匿名申告者が増えてきたことも明らかになった。そして実名申告者（実名申告していなかったが、何らかの理由で実名が知られてしまった事例も含まれている）の中に、報復を受けたと訴える人が増えてきた。

ミセリらは内部申告者保護に関する法の施行によって、匿名申告できるホットラインなどが設置され、匿名申告が奨励されていると捉えられた可能性があると分析している。

匿名申告については、申告先とやり取りをしないからモラル的によくないと考える人もいれば、個人と組織との勢力のアンバランスが存在するので、容認すべきだと考える人もいる。確かに実名調査よりも匿名申告の場合、不正行為に関する調査が困難だが、申告による社会的効果や、申告に伴う申告者の負うリスクを考えても、匿名申告が歓迎されるべきだろう。匿名申告が増えたことは、申告環境が悪化したというよりも、申告者の意識の変化によるものであるのかもしれない。

また、報復に関する報告が増えてきたということについても、それが事実そのままであると考えて良いかどうかについては検討が必要である。法整備の浸透につれ、回答者の判断基準が変化し、より軽微な不当扱いも報告するようになった可能性もあり、確認はできないとミセリらは指摘している。これらの問題は、他の研究手法でさらに検討する必要がある。

ミセリらのこの研究は、主に内部申告者保護に関連する法の施行による申告の様式に対する影響を調べているが、これからは、法の施行によって内部申告による社会的・経済的な効果のほかに、心理学的な効果に関してもさらに検討する必要がある。

第4章　内部申告に関連する要因

自分の組織の中で不正があることに気づいたら、疑問や異議をもつ人がほとんどではないだろうか。その不正をやめさせる手段として内部申告が最終手段であったと仮定しよう。仮に状況が同じであっても、内部申告をする人と、しない人がいる。行動や態度は個人により異なるからである。内部申告には、年齢や性別、学歴、職歴など、デモグラフィック（人口統計学的）な特性が影響すること（たとえば、Miceli & Near 1988；Miceli, Dozier, & Near 1991）が報告されている。また、個人の心理学的特性や行動傾向が、内部申告に対する態度や行動に影響するという結果もある（たとえば、Miceli, Dozier, & Near 1991）。

個人の行動や態度は、その人がどのような状況におかれているかにより影響を受ける。社会的状況は、時に圧倒的な力をもつ。個人が組織という集団に対して異議を唱えることは、内部申告の重要要素である。集団内の同調や服従の力は、個人の行動や認識を変えてしまうだろう。

さらに、内部申告は、組織生活という現実の中にあるために、複雑な組織の特性や、個人と組織の関係性がからんでいる。そのために、組織や仕事への態度との関連や、組織風土といった特性とも関連するだろう。

さらに、より普遍的な人間の意志決定のプロセスも、内部申告と関連する。内部申告は、申告するかしないかという一時点の事象ではなく、申告前の状況、申告時、申告した後を含む一連のプロセスである。時間や状況の中で、人の認知プロセスは行動に大きな影響を及ぼす。

さらに、これらの、内部申告との関連要因は、内部申告の目的や、その意味をどのような視点から捉えるかによって、大きく異なってくる。すなわち、内部申告を向社会的行動と見るか、それとも、反社会的行動と見るか、という問題である。

◆個人特性と内部申告

自己効力感

「自己効力感（self-efficacy）」というのは、人々が、自分自身でどの程度難しい局面を打ち破り、うまく仕事して目標を達成できるかについての評価であり、自分自身がある行動をとり、目的を実現できるという自信をいう（Bandura 1992）。

誰しもがある程度の自己効力感を持っている。テレビのリモコンのボタン押しを楽しんでいる、小さな子どもを考えてみよう。この子はリモコンでテレビのチャンネルを変えることが目的なのではなく、ボタンを押す自分の行為でテレビの画面が変わるという、ある種、劇的な変化を生み出すこと、すなわち、外界に働きかける影響力をもつことを確認して楽しんでいるのである。

あるいは、就職活動中の大学生が自分の将来の進路を決める場合を例に挙げてみよう。職業進路の選択に自己効力感が高ければ、その人は、自分の将来についてきちんとビジョンをもち、希望の職業の現状や、これからの発展性について情報を収集し、それに基づいて決定できるという自信をもっている。また、将来の仕事や自己啓発のために、何か資格を取りたいという場合、自分で時間を作って、テキストや参考書を読んだり、練習問題をしたり、あるいは講習会に行ったりする。自分に学習する意欲や持続力があるか、自分の知力・能力と、努力で試験に合格できるか、という判断――すなわち、自己評価をする。努力しても無理かもしれない、あるいはそもそも自分には努力できないだろうという判断は、それぞれの行動に関する自己効力感が低い例である。

自己効力感は、個人の行動全般を一般化するものではなく、個々の行動に対応している。たとえば、会計士の資格に関しては自己効力感が低く、勉強しても取れないかなと思っていても、英検に関しては自己効力感が高いこともある。人によってある特定の行動に関してどの程度の自信を持っているかが異なることも、日常生活ではよくあることである。

内部申告と、自己効力感との関係を調べることは重要である。組織の不正を見て、それにどのように対処するか悩むことや、申告した結果、どうなるかを予測すること、その上で行動するかどうかを決定することは、自己効力感と深く関わるからである。

［自己効力感に影響する要因］

自己効力感の個人差は、どのように生じるのだろうか。これまでの社会心理学の研究から、自己効力感は、熟達の経験（自分の行動の結果）、社会的モデリング（他者の行動の観察）、社会的な説得（他者からの説得）、そして生理的状態や情動（行動を行っているときの自分の生理的喚起）といった四つの側面の影響を受けることが明らかになっている（Bandura 1986; Manstead & Hewstone 1995）。

①熟達の経験による影響――今まで自ら遂行した、あるいは遂行しようとした課題に関して、成功した経験があれば、今度も同じようにすれば成功するであろうと信じる。逆に、失敗の経験があれば、自信が低く、今度もまた失敗してしまうかもしれないと考えるだろう。熟練すれば成功経験も多くなり、成功経験が多いほど、自己効力感が高まる。

②社会的モデリングによる影響――自分の経験でなくても、他の人が成功している、あるいは失敗したという事例を見ることでも影響を受ける。つまり、自分と同じような状況の人が成功すれば、同じことなら自分でもできると考える。逆にその人が失敗すれば、自分も失敗するかもしれないと思ってしまう。そのため、成功事例がたくさんある場合には、自己効力感も高くなるはずである。

③社会的な説得による影響――ある行動をとるときには、自分の考えだけではなく、周りの人の態

度にも影響を受ける。他人に認められて、励まされれば、自分でもその気になり、自信が増す。周りの人に勧められると、自己効力感が強くなることもある。

④本人の生理的な状態や情動による影響——ストレスを感じたり、緊張したりすると、うまくいかないのではないだろうか、と考えてしまう傾向がある。また、体の疲労や痛みなどがあると、身体的に無理だと考えてしまうので、体力を必要とする活動に関しては、自己効力感が低下するだろう。

〔自己効力感と相関して変わるもの〕

自己効力感の高低の結果、人はどのように変化するのだろうか。研究からわかっているのは次のようなことである。

高い自己効力感を持つことで、成功者の満足や、心地良さを味わうことができる。難度の高い行動の場合にも、それを回避すべきものではなく、積極的にチャレンジすべきものとして考える。また、失敗に対して、効果的なやり方を探索し、継続的に努力するようになる。

具体的に、高い自己効力感は、

①自分の能力についての認知に影響を与える。自己効力感の強い人は、自分の能力を高く見積もり、それに基づいてさらに高い目標を設定する。

②動機づけとなる。目標設定は行動の結果を予測して行うが、目標達成のためには努力をしなければ

ばならない。自分ができると考えていることこそ、続けて努力するための必要条件である。

③情動は自己効力感に対して影響を与えるが、逆に、自己効力感も情動に影響を与えている。自己効力感が高ければ、情動がポジティブになり、また、その程度も強まる。自己効力感が低くなれば、情動的に不安になったりすると考えられている。

④自己効力感は行動の選択に影響を与える。自分で自信がある行動を選択して実行し、自己効力感が低く、自信のない行動を避けることになると考えられている。

このように、自己効力感の高低が、ある特定の行動に出るか出ないかの選択に影響を及ぼすことが、ほぼ明らかになってきている。しかし、社会的行動の場合、特に、内部申告のような行動は、自分自身だけでなく、組織、同僚などの影響が強く関わる。このような場合、自己効力感との関係はどのように考えればよいだろうか。

［自己効力感と内部申告］

上述したように、自己効力感とは、ある行動や行為をうまく行うことができるという自信である。内部申告をしたいと思うとき、自分の行動で事態を改善する可能性があるだろうか、起こりうるさまざまな状況を自分が十分にコントロールできただろうか。内部申告行動に伴うさまざまな状況に対する自信は、実際に通報するかどうかと関連するのだろうか。

個人特性としての特性的自己効力感（成田ほか 1995）が高い人は、「不正があった場合、申告したい」という動機づけが高いという関係のあることが調査結果から示されている（本多‐ハワード・王 2005）。しかし、残念なことに、内部申告に関する社会調査や実験研究では、自己効力感と内部申告についての検証はまだほとんどなされていない。その関係について結論するには、さらに多くの実証研究結果をまつ必要がある。

ただ、内部申告という行動の状況を考えると、以下のような予想は可能である。

違法行為・不正行為を見た、あるいは知ったとき、それが許されない行為であると認識していれば、それを止めたいと考える人は多いだろう。しかし不正行為が、自分の組織、そして自分にとって、利益になることもありうるが、そのような場合には、黙認したり、支持するという選択もある。しかし、ここでは、不正行為はよくないと思い、やめさせたいという場合だけを考えよう。

内部申告という行動をとると、どのようなことが起こるかについて考えてみよう。まず、内部申告により、権限のある上司・組織、あるいは組織外部の個人や機関が、不正行為があったことを確認する。その不正行為が継続していれば、それをやめさせる。また、不正行為の原因や結果についての調査がなされた場合は、その悪影響を最小限にするための措置がとられ、再発の予防策も構築されることになる。さらに、責任の追及が行われて、責任や影響の大きさに従った処罰が行われる。

この一連の出来事は、どれも、組織の各階層の、一部の管理職や、一般社員の利益に関わる。内部申告によって処分されたり、昇進できなくなったり、あるいは組織内の地位・威信が下がる人が出てくる。すなわち、通報されて困る人が存在する。

特に、「牛肉偽装」や、会社の製品イメージを保護する「リコール隠し」のような「組織のために」

行われる不正行為の場合、その不正行為は、「しかたなくやった」とか、「皆のためにやった」とか、組織内部では上司や上層部を含めて、同情の声が多いだろう。内部申告をした場合に、上司や上層部が本気で不正行為を糾弾してくれるかどうかについての予測が、まず重要になるだろう。つまり、本気で不正行為を正してくれれば、自分の行動そのものが有効になるのでその行動をとるが、もし本気で不正行為を正すことが期待できなければ、自分がいくら通報しても無駄なことになる。そのため、通報行動をとる動機づけ自体が弱くなり、通報行動が減るだろう。特に、内部申告に対して組織や個人から報復を受ける可能性もある場合には、一層通報しなくなるであろう。

内部申告に関する自己効力感は、自分から通報行動をとりたいのか、それとも、規則や誰かの指示、圧力に従ってやるのかによっても異なると考えられる。

本人が社会規範に基づいて不正だと判断し、そして自ら内部申告によって不正行為を止めさせることが重要である。自分ではどうでもいい、組織の倫理規定で定められているから、という場合には、自分ではやりたくないことをあえてすることになるので、強い自己効力感を感じることができないはずである。

内部申告をする場合、証拠を収集し、それを通報先に呈示したり、説明したりする必要がある。また、申告の途中で、自分の実名が明らかになるようなことを含めて、さまざまな利害関係によって申告が中断されることも考えられる。これらの過程において、本人が自分の意志で、事態をコントロールできると思っているかどうかも重要である。自ら行動をとり、そして、その行動の各段階において事態をコントロールできると思う人こそが、内部申告を実行する可能性が大きい。逆に、不正行為を申告する強い意志もないままに通報し、どうなるかが予想できず、さらに各局面でうまくやって行けそうもないと思う人は、実際に通報する可能性はきわめて低いだろう。

ところで、内部申告に関する自己効力感の高低は、どのような要因で決まるのだろうか。

まず、内部申告の意味についての理解がある。つまり、社会の規範、公益に反する不正行為を止めることは社会的正義である、と、一般的な考えとして受け入れているなら、これは、自ら行動をとるようにする動機づけとなる。

そのため、内部申告を促進するには、今までの内部申告の事例を広く知らせ、内部申告とは、特別な人がする特別なことではなく、誰でもできる、そして成功裏にできることだ、という認識をいきわたらせることが大切である。また、組織内では、内部申告だけでなく、少数派の異なる意見を表明することを肯定する雰囲気を作り、問題の指摘が気軽にできるような環境にすることも重要である。そして、異なる意見を言う人を「トラブルメーカー」と呼ぶのではなく、積極的に意見を出して組織を発展させる「貢献者」として讃えるべきである。つまり、よい社会的モデルを見せて、そのモデルの行動から経験を得るのである。

このような状況があれば、当然、内部申告に関する自己効力感が高まるだろう。しかし、自己効力感が高まることで、必ずしも内部申告が多くなるとは限らない。

つまり、従業員の自己効力感を高めるような組織になっていれば、不正があれば事前に反対意見が出るし、何か不正行為が行われても、すぐ上司や組織内部への通報が行われるので、深刻な事態になりにくいのである。そして、外部機関に通報されて、トップの椅子が危なくなったり、組織自体がなくなるようなことも起きないだろう。

統制の所在

「統制の所在（locus of control）」とは、物事の結果に対する考え方――自らの影響によると考えるか、それとも自分以外の人や環境の影響と見るか――である。統制の所在は、社会的望ましさとマイナスの相関関係にある。また、知的レベルとは弱い相関がある（Lefcourt 1991）。物事の結果を、自分の行動や特性、質など、自分の関与によるものだ、そして、それが長期にわたって安定的だと考える人は、内的統制型といわれる。それに対して、運や偶然、あるいは他人の力によるもので、自分とはあまり関係ないと考える人は外的統制型である（Rotter 1966）。内的統制型と外的統制型は、一つの連続する軸の二極だと考えられている。

内的統制、外的統制は、結果の予測に影響をもたらす。内的統制型の人は、一度成功すると、それは自分に能力があって、やり方がうまかったからだと思い、次も同じようにうまくいくだろうと考える。一方、外的統制型の人は、その成功はたまたまそうなったか、あるいは誰か別の人の力でそうなったと考え、次に同じ行動をしても自分が状況をコントロールすることができないから、そのときに成功するかどうか分からないと考えがちである。つまり、統制の所在のタイプの違いは、ある行動をとる場合、望ましい結果が得られるかという期待に影響し、特定の行動をとるか、とらないかの行動の強化に関わるのである。「ローカス・オブ・コントロール尺度」を使用して、内的統制型なのか、外的統制型なのか、あるいはその中間にあるのかを測定することができる（たとえば、鎌原・樋口・清水 1982)。

［統制の所在と内部申告］

研究では、内的統制型の人は、人を助ける、犯罪者を検挙するといった、向社会的行動をとる傾向があると報告されている。向社会的行動については、後に詳しく説明するが、簡単に言えば、自分よりも他人の利益のために行われる、報酬が期待されない自発的な行動のことである。

内部申告の場合、不正行為を知った組織構成員が、通報という手段を用いて不正行為を止めさせたいと考えれば、潜在的な通報者となる。しかし、潜在的な通報者が現実に通報行動をとるかどうかは、さまざまな要因の影響を受ける。その中の一つは、通報することで不正行為を止めさせることができるか、あるいは通報に効果があると予測できるかどうかである。

自分の通報で、組織が不正行為に対して何らかの行動をとり、状況が改善されると予測すれば、通報する可能性は大きくなるだろう。逆に、自分が通報しても真面目に取り上げてもらえないとか、あるいは、誰が通報しても組織は真剣に対応しないだろうと予測をすれば、通報の可能性は低いだろう。潜在的な通報者がどのようなスタイルの統制の所在をもつかによって、通報の結果に対する予測が異なる。つまり、今までの通報経験、あるいは日常の提言の経験などで効果があったとき、それを自分の努力の成果と考えていれば、通報することに傾くし、逆に、その成果に対する自分の影響力を考えていなければ、通報はしないだろう。

当然ながら、組織の内部申告・通報に対する反応も、直接に内部申告の効果に関連している。内部申告された問題に対する組織の態度・措置は、通報者の判断に直接影響を与える。

また、同じ組織の中で、不正行為の内部申告を考えている人が複数いる場合がある。同じ組織なのだから、組織風土や組織の違法・不正行為に対する対応や措置の影響も同じと考えられる。しかし、外部環境がまったく同じであっても、その人の統制の所在が内的か外的かによって、とる行動は違ってくる。内的統制型の人は、先に述べたようにもし自分が何かしたら改善できると考えて、内部申告という行動を起こす可能性が大きい。一方、外的統制型の人は、たとえ不正行為を見てやめてほしいと思っていても、自分が通報しても何にもできないだろう、だから、他の人に任せよう、あるいは不正が偶然にばれるまで待つしかない、と考える。外的統制型の組織構成員は、偶然に内部申告することがあっても、どちらかというと、その可能性が小さいと考えたほうがよいであろう。

要約すれば、統制の所在に関する個人の心理学的な特徴は、内部申告行動に関連する可能性が大きい。物事に対して自分が何かをすれば、変化をもたらすことができると考える内的統制型の人は、より積極的に通報・申告するだろうと考えられる。だが、これに関する研究調査がまだ少ないため、これからのさらなる検証が期待される。

外的統制型や内的統制型は、人の心理特性の一つであり、いったん形成されていれば、変化しにくいものと考えられる。しかし、この心理特性の形成にも、それまでの経験が関わっている。自分の行動によって望ましい結果を得たという経験が多くあれば、内的統制型へ変化することも可能である。そのため、組織においては、組織構成員のよい提案などに積極的に対応し、個々の組織構成員に自分の行動が組織の変化の影響力になっていることを認識させることで、組織内の参加意識を高め、通報行

表4-1　ピアジェによる道徳性の発達段階

第1段階	規則が少しだけ分かる段階（amoral）
第2段階	規則が権力のある人によって決められるものだと考える段階（heteronymous）
第3段階	規則が組織化され、公平な社会的関係を維持するために作られたものだと考える段階（autonomous）

（二宮 1999 による）

動を含めて、不正行為に立ち向かうような環境を作ることが重要であろう。

道徳性の発達

前の章で、道徳判断の発達レベルと内部申告に関する心理学実験を紹介した。ここで、もう少しこの問題について検討してみよう。

道徳性（morality）は、研究者によって、次のように、異なる意味で用いられている。①社会一般に受け入れられている規範や慣習を尊重する意識を指す場合、②正義や公正さの観点から、あるいは思いやりや配慮など、対人関係を重視する観点から、道徳的な問題を解決する能力を指している場合、③道徳に関わる行為と、行為が行われる場面についての知識や認知を意味する場合。これらは道徳性の異なる側面を反映していると考えてもよい。

道徳性の発達に関して、発達心理学者のピアジェ（Piaget, 1932）は、認知発達説を提唱した。善悪の区別において、子どもが規則の性質と由来について推理するのには、三つの段階があるという主張である（表4－1）。

コールバーグ（Kohlberg 1971）は、ピアジェと同じように、認知発達的考え方を持っている。そして、子どもでも自分なりの正しさの枠組をもっており、それに基づいて道徳的な判断をすると考えている。子どもの発達と共に、道徳に関する正しさの枠組も変化するが、この変化はいくつかの段階に分け

表4-2　コールバーグによる道徳性の発達段階

前慣習的水準
① 罰と服従への志向：道徳の規則は大人が作ったもので、それに違反したら罰せられるので、その罰を避けるために、規則に従うようにしている。
② 道具主義的な相対主義志向：道徳の規則に従って行動すれば、その代わりに報酬が得られ、自己の欲求が満足できるので、そのように行動している。
慣習的水準
③ 対人的同調・「良い子」志向：他人の評価を重要視し、道徳的な行動をすれば、他者から高く評価され、認められるので、そのように行動している。
④「法と秩序」志向：権威（親や教師など）を尊重し、社会的秩序を大事にする。社会的秩序そのものを維持するように行動している。
後慣習的水準
⑤ 社会契約的な法律志向：社会における他人の権利を大事にしている。法や社会規範は、社会の多数の人の意見を反映しているものなので、それに従い、公平に行動するようにしている。
⑥ 普遍的な倫理的原理の志向：行動は法や社会の規則によって束縛されるものではなく、正義と人間の尊厳性に基づいて行動基準を定め、自分の良心にしたがって行動している。

られると主張する。つまり、道徳性の発達は、他律的な大人からの拘束による道徳観から、自律的で仲間との協同による道徳観へ、一方的尊敬から相互的尊敬への変化としてとらえることができるという考えである。彼は道徳的ジレンマへの対処とそれへの理由づけの分析から、3水準6段階の発達段階を設定した（表4－2）。

コールバーグによれば、道徳性の発達はこの順序で達成されるが、誰もが必ず最後の段階に到達するというわけではない。

［道徳性の発達段階と内部申告］

道徳性の発達段階と内部申告には、どのような関連があるのだろうか。前述のように、コールバーグの認知発達の段階では、第1段階では、苦痛や罰を避けるために、規則を守る。つまり、この段階では、もし苦痛や罰を受けないと知っていれば、規則を守る必要もないと考えるのである。第2段階でも、自分の利益のために規則を守る。第3と第4の段階では、自ら所属する社会システムにおいて評価されたいという欲求が存在すると考えられる。そして、第5段階では、社会において個人は社会のルールや他人の権利を守らなければならないと考えるのである。最後の第6の段階では、社会によらず、普遍的、一般的な倫理原則があることを認識している。

この理論は、主に子どもの道徳性がいかに発達していくかに関するものではあるが、大学生においても道徳性の発達段階に個人差があることがいくつかの研究で確認され、この分類が成人にも適用できると考えられる。組織の不正行為を見た場合、それに関してどのように考え、どのような行動をとるかは、道徳的な判断が関わると考えられるので、道徳性の発達段階によって反応が異なるだろう。道徳性の発達段階が高くなれば、社会の規則・規範に対する理解も深まる。そして、自らその規範を守るようになるであろう。そのため、不正行為に対しては、何らかの形で反対する可能性も高いと思われる。

しかし、ミセリら（Miceli, Dozier, & Near 1991）の実験室での心理学実験では、逆の結果が得られた。この実験については前章で詳細に説明したが、実験の結果、道徳性の発達段階の高い人は、低い人より通報することが少なかった。

道徳性の発達段階と内部申告との関係に関する最終的な結論はまだ得られていないが、ミセリらの指摘のように、以下の可能性が考えられる。すなわち道徳判断の発達段階の高い人は、「人の悪口を言わない」「密告しない」という社会倫理規範に従う可能性も高い。もしこれが事実であれば、不正を目撃した場合、「不正行為」が悪く、やめさせるべきだと考える一方、同僚や上司の悪口を言ってはいけないとも考える。道徳判断の発達段階の高い人のほうが、より多くの矛盾を感じるはずである。倫理道徳教育に際しては、社会の公益に関する考え方だけではなく、組織における人間関係に関する正しい考え方をも考慮しなければならない。しかし現在のところ、実証データはまだ少ないため、今後の実験や調査によるデータ収集から、さらに検討する必要があろう。

◆社会的状況の力

[同　調]

同調（conformity）とは、集団や、他の人の設定する標準あるいは期待に沿って、他の人と同じ、または類似した行動を行うことである。自分の意見と他者の意見が異なる場合、集団圧力によって自分の意見を放棄し、他者の意見に従うことを指す場合が多い。

同調に関しては、アッシュ（Asch 1951）の実験がよく知られている。この実験で、参加者は、きわめて簡単な知覚判断を行う。7人一組の集団に対して、紙に書かれた1本の線（標準線分）を見せてから、長さが異なる3本の線（比較線分）を同時に示して、その中から最初に示された標準線分と同じ長さのものを選んでもらう。この課題は通常、ほとんど間違いなく回答できる非常に単純なものであった（予備調査では、誤反応率は0・7％であった）。

実は、一緒に実験に参加している7人の参加者のうち、6人は実験の趣旨を事前に知らされた実験協力者である。この6人は、実験者の依頼で、故意に誤った選択をしていた。実験では、7人が1人ずつ全員の前で声を出して回答する。そして、いつも本当の参加者が最後に答えるように設定されていた。本当の参加者は、回答する前に、自分と同じ立場にいる、他の参加者の一致した誤答によって、集団圧力を受けたと考えられる。本当の参加者のほとんどは、実験協力者の選択が間違いだと認識していた。しかし、たとえ誤答であっても、同じ選択をした人が多くなると、自分も同調して同じように答える傾向があった。実験の結果、本当の参加者は、全体で37％の誤答をした。

この実験結果は、集団内の少数派が多数派の圧力に屈した反応と見なされ、集団における個人の行動の特徴を反映していると考えられている。

同調に関する数多くの研究によって、同調に影響する要因として、①集団凝集性、②集団の大きさ、③記述的規範と命令的規範（descriptive norms and injunctive norms）が挙げられている。

①集団凝集性——集団に魅力を感じさせ、集団の構成員として集団に留まるように働きかける力である。集団凝集性が高い場合、構成員が集団をよりポジティブに見て、感情的な親近感をもつ一方で、集団から疎外されることを避けようとするために、同調が生じやすくなる。

②集団サイズ——アッシュ（Asch 1956）の早期の研究では、集団内の自分以外の人数（実験協力者の数）が4人になるまでは、人数の増加にともなって同調の可能性も増大する。しかし、人数が4人以上になると、それ以上には同調が増えないという結果が得られている。しかし最近の研究では、実験協力者の数が8人以上になっても、集団人数の増大によって同調行動が顕著になる

ことが確認されている（Bond & Smith 1996）。

③記述的規範と命令的規範——記述的規範というのは、ある特定の状況において大多数の人が何をし、何をしないかについての記述である。すなわち、どのような行動を人々が適切と見ているかを示すことで、個人の行動に影響を与える。一方、命令的規範は、特定の状況において、奨励される行動と禁止される行動などを示し、ストレートに人々の行動に影響を与える。

どちらの規範も行動に対して強い影響を与えるが、法令違反などの反社会的行動には、命令的規範が比較的に有効であると考えられる。その理由として、まず、命令的規範は特定の状況において、人々がどのように行動しているかということよりも、自分がどのように行動すべきかということに注目している。そして、特定の状況において他人がどのように行動したかとは関係なく、自分が正しいことをしようという社会的動機づけが働くことになる。

しかし、命令的規範が存在しても、それに従わないこともよくある。たとえば、駅前に自転車を放置してはいけないという看板が出ているのに、自分の便利さだけを考えて、そこに停めてしまう人は少なくない。

［規範のフォーカス理論］

この現象は規範のフォーカス理論（normative focus theory: Cialdini, Reno, & Kallgren 1990）で説明できる。この理論によれば、規範が行動に影響するのは、行動をとるときに、規範が注意の焦点にある場合のみである。規範は、存在していても本人の注意の焦点に入らないと、無視されてしまう可能性が大きいということである。カルグレンら（Kallgren, Reno, & Cialdini 2000）は、実験でこれを検証している。実験の中では、まず参加者に命令的規範を含む文を一つ読ませた。この文は「ごみ散らし」との関連が強いもの（たとえば、「落書きの話」）、中程度のもの（たとえば、「容器の再利用の話」）、低いもの（たとえば、「図書館に期限内の本の返却の話」）、そして命令的規範が含まれていないもの（たとえば、「天気のピクニックへの影響の話」）の四種類が用意された。

たとえば、「落書きの話」は以下のようなものだった。

私は名前がナウという女子大学生です。ある日、一日勉強して、晩御飯を食べに行こうと思っていました。ちょうどその時ルームメイトのパットさんを見かけたので、彼女と一緒に食堂に行くことにしました。途中で、週末の予定について話したりしていました。そして、私はお手洗いに行きたいといって、トイレによりました。パットさんが外で待ってくれることになりました。トイレの個室から出たところ、パットさんがトイレの壁に落書きしているのを見ました。

私「パット、何をやっているの？」
パット「（かわいい笑顔で）え、ちょっと落書き。」
私「どうして、ちょっと落書きなの。」
パット「そんなにおこらないで。誰もこんなものを深刻に考えないから。」

私「他人がどう思うかはぜんぜん関係ないでしょ。学校で心理学の授業で先生が言ったでしょう。小さいことが想像以上に、私たちの生活に大きく影響するんだよ。」
パット「ごめんなさい。落書きも先生のいう小さいことになると思うわ。そこまで考えていなかった。確かに、落書きすべきじゃなかった。書いたところをきれいにします。」

パットさんは私が指摘するまで、落書きを大きな問題とは考えていませんでした。でも、落書きすべきではないことを認識してから、落書きをきれいに拭きました。

文を読ませてから、半分の参加者を生理的覚醒の状態にさせ（実際に運動をさせた）、残りの半分は安静状態においた。生理的覚醒の状態では、参加者の反応が強くなると考えられている。その後、参加者が「ごみ散らし」できる環境で、実際に「ごみ散らし」した程度を調べ、最初に読ませた文の種類と、生理的覚醒状態との関係について検討した。実験の結果、次のことが分かった。

まず、生理的に覚醒させられた参加者は、安静にあった参加者よりも、ごみ散らしが多かった。また、読んだ文とごみ散らしとの関連では、覚醒させられた参加者は、文の内容の関連が高い場合、ごみ散らしをする人が最も少なく、関連が低くなるにつれて、ごみ散らしをした人数の割合が大きくなった。一方、安静にあった参加者では、この傾向は見られなかった。つまり、集団の規範をはっきり意識した場合の、規範に従って行動する傾向が示された。

確かに正しい意見だけれど、集団の目的を達成するためには不利だ、と多くの構成員が思う場合がある。そのような場合には、正しい意見を主張することをやめてしまう可能性が大きい。しかし、集団の中に自分と同じ意見をもつ人がいれば、同調する可能性は小さくなる。

同調行動は、個人的な特性の影響をうける。そのような特性として、自己の確信、自信が挙げられる。自己の確信、自信が低下すると同調が促進される。また、類似した状況で失敗した経験のある者は同調しやすい。さらに集団内の中間的な地位に立つ人は、最も同調しやすいとも言われている。

同調するかどうかは、意志決定の結果として考えることもできる。自分の置かれた状況について総合的に考え、同調による損得、同調しないことによる損得を比較して、利益の多い方を選択するのである。

［服　従］

同調の一種に、権力に対する同調である、服従（obedience）がある。ミルグラム（Milgram 1963）は、実験室で服従の現象を発生させ、普通の人でも服従によって恐ろしいことをやってしまうことを示した。ミルグラムの実験では、参加者に、実験の目的は学習における罰の効果を研究することだと説明する。二人一組の大学生の参加者は、一人が生徒役、もう一人が教師役になり、ガラス窓を通して互いが見えるようになっている、別々の部屋に入ってもらった。生徒役が出された問題に間違った回答をすると、実験者は、教師役に、生徒役に電気ショックを与えるように指示した。1回目は15ボルトだが、その後毎回15ボルトずつあげて電気ショックを与えた。最大450ボルトであった。15から60ボルトは軽いショックで、60以上から420ボルトまでは危険なショック、最大の450ボルトはさらに危険なショックと表示されている。

教師役は本当の参加者であった。しかし、生徒役は実験協力者で、電気ショックも本当には与えられていなかった。生徒役は「電気ショック」の程度に従って、ぶつぶつ言ったり、やめてほしいと願ったり、耐えられないと叫んだり、悲鳴を上げたりして、最後にはうずくまって無言になるといったように、芝居をした。

実験の結果、参加者（教師役）の一部は、電気ショックが大きくなると実験者に抗議したり、拒否したりしたが、大多数の参加者は実験者の指示に従って実験を続けた。40名のうち、26名もが最大の450ボルトまで電気ショックを生徒役に与えた。つまり、半数以上の参加者は、強い電気ショックが危険であると知っており、生徒役の苦痛を見ていても、実験者という権威者から電気ショックを与えろと指示されると、それに従ってやってしまうのである。

この結果の普遍性について検証するために、その後、社会人や子どもにも参加してもらい、アメリカ以外の国でも実験を行って、おおむね類似した結果が得られた。

人はどのような状況において服従しやすくなるのかについては、以下のことが考えられる。

①服従した人は、自分の行動の責任を権威者に帰属することが多い。つまり、「私は責任者の命令に従っただけであった」「業務命令だから聞くしかなかった」といったような考えをもっている場合である。

②他の人の地位と明確に区別できるような服装を着用したり、あるいは腕章や名札を着けたりして、

職名で呼ばれていることで、権威者の組織における地位が強調される。それによって、組織の構成員は、責任者や上位者の指示に無条件に従う可能性が高くなる。

③最初は程度の軽い指示であったのが、徐々にその要求がエスカレートするようになる場合に、服従が起こりやすい。

④判断する時間がほとんどない状況や、即座な判断が必要である場合において服従しやすくなる。

では、服従に抵抗するためには、どのようなことが必要であろうか。バロンら（Baron & Byrne 2002）は、次のことを挙げている。

①権威者の命令に従って行動したことによって損害が生じた場合、その責任は命令を出した権威者ではなく、実際に行動した人にある、と明確に説明しておくと、服従が顕著に減少する。

②組織の構成員に対して、上司の明らかに不当な命令に、無条件に従うべきではないという規則を明確に示しておくことが重要である。また、このような不当な命令に服従していない他の組織構成員の存在を知らせることによって、服従の可能性を小さくすることができる。

③個人が権威をもつ人に対して、その人が本当に専門知識を十分持っているか、その人がどのような動機づけで命令しているかについて疑問を持っていれば、無条件に服従することが少なくなる。

④権威を持つ人が無条件の服従をさせることがあるという社会心理学研究で得られた結果を知らせるだけで、服従の可能性は小さくなる。

[同調・服従と内部申告]

同調と服従は、圧力と任意性の有無によって異なるともいえるだろう。服従は、権威者から命令によって自分の意に沿わない行動をとることである。そのため、服従は、権威者という明確な圧力の存在があり、任意性は低い。一方、同調は、明確な圧力の存在がなく、他者や集団の期待に沿うように行動や態度を変化させることである。そのため、任意性が高くなる。同調にも、自分の内心からの受容（内面的同調）と、表面だけの同調（追従、外面的同調）がある。

内部申告によって通報しようと思っている本人が、不正行為に参加している場合がある。不正行為をよくないと認めているのにもかかわらず、集団圧力の同調により不正行為に手を染めてしまうような場合である。また、上司の指示・命令に従って行動した結果、不正行為をしてしまうようなケースもある。

服従に関して、雪印食品による偽装牛肉事件の例を見てみよう。同食品元関東ミートセンター長の不正行為の指示について、当時の部下だった課長が朝日新聞の記者に次のように話している（asahi.com 2001/05/10）。以下、記事から引用する。

サラリーマンなので…偽装抵抗できず　雪印食品元課長

――偽装を持ちかけられたときの対応は？

会議室で1人の課長が反対した。私ともう1人の課長は黙っていた。沈黙が1、2分続いた。とりあえずの抵抗だったが、1人が「知ってる工場があるんで、話してみましょうか」と言ってしまい、こうなってしまった。

——なぜ反対しなかったのか。

サラリーマンなんでね。倫理上悪いと分かっていても……。反対するのが一番良かったと思うが難しかった。

——センター長に対する思いは。

責任はおれが取るからと言っていたが、あれからひとこともない。もう二度と会いたくない。なんであの時反対しなかったんだろう。

（中略）

——会社の対応は。

この事例は、組織の中で、上司の不当な命令に対して抵抗することの難しさと、同調・服従によって自ら負う責任の重大さを実によく表している。

一方、この事件発覚のきっかけとなった西宮冷蔵は、雪印食品関西ミートセーターの依頼で、牛肉の入庫・出庫の伝票を改ざんした。この責任は確かに否定できない。しかし、雪印食品の牛肉偽装の事態が明らかになっていない時点で、西宮冷蔵の社長は雪印食品を申告した。この申告行動は、前述の雪印食品の課長と対照的な行動である。

なぜこのような、まったく反対の行動があったのだろうか。

まず、雪印食品の課長は、同じ組織において、上司の指示命令に対して結果的に抵抗できなかった。「サラリーマンだから」という説明は、つまり自分がサラリーマンなので、上司の指示に従うしかない、上司や組織に反抗すれば、何か不利益なことが与えられるだろうという認識を持っているのである。会社や職場の実際の状況は分からないが、少なくとも、社員にそう思わせるような雰囲気があったことがうかがわれる。

一方、西宮冷蔵の場合、まず雪印食品の不正行為について、詳細な説明を受けていなかったので、偽装工作の全容を知らなかったようである。しかし、伝票を改ざんするように依頼を受けたことで、不正があったことは承知している。しかも、自ら伝票を改ざんしたことで不正に加担していた。しかし、結局異なる組織であり、雪印食品の不正行為に大きく関わってしまえば、自社も危ないということがあるので、申告することができたと解釈できる。当然ながら、申告した社長の社会的正義感が重要な要因であることは、言うまでもない。

さて、このような事例を踏まえた上で、組織の中で行われている、あるいは行われようとする不正行為に対して、同調・服従しないような環境をどのように作るべきであろうか。

前述のバロンら（Baron & Byrne 2002）が挙げた四つの側面から、次のことが考えられる。

まず、不正行為を行った場合の責任の問題について、行動規範や倫理規定などで、明文化すべきである。つまり、命令指揮者だけでなく、不正行為に加担した人も責任を負わなければならない。

そして、上司の指示や命令が不当だったという可能性があれば、それを確認し、反対するような組織風土を作り、行動規範などに明文化すべきである。一見、組織における指揮命令系統の効率が悪くなるように見えるかもしれない。しかし、組織のトップから見れば、組織の一部の人による不正行為によって、組織全体を危うくする可能性を最小限にすることができる。

また、意志決定を行う場合、通常の会議よりも、電子会議や回覧などの無記名投票を採用した場合には同調しにくく、不当な指示や命令に反対しやすい可能性がある。前述したアッシュ（Asch 1951）の線分の判断という課題を使用した同調の実験をインターネット上で行った研究が報告されている（Wallace 1999）。この実験では、各参加者は、他の参加者が見えない部屋でパソコンの画面上に呈示されている線分について判断するように求められた。判断する前に、他の参加者の判断結果がパソコン上に呈示されるようになっている。この状況においてもまだ同調は見られた。しかし、アッシュの実験のように、参加者が、他の参加者（実験協力者）と同じ部屋に同席する場合に比べて、同調しない人の割合が劇的に高くなった。アッシュの実験の場合は、同調しない人の割合が25％だったが、インターネット条件では、実に69％であった。

当然ながら、この心理実験の状況と、実生活における組織での意志決定の状況とはかなり異なるかもしれない。しかし、もしこの結果が組織の意志決定の場面でも正しいということが証明できれば、たとえば、組織において、重要な議題に関する決済や表決などを会議ではなくインターネットのメールなどで行えば、上司など、権威を持つ人の存在の影響を弱くして、反対意見が出やすくなると考えられる。

また、前述したように、服従の場合、権威を持つ人は、他の人とは区別されやすいということがあった。組織において、組織命令系統が大事なのは当然だが、権威を強調しすぎると、上司や上層部に無条件に従い、不正行為に抵抗しにくくなる可能性が高くなると考えられる。状況を改善するためには、たとえば、工場では工場長から平社員までみんな同じ作業服を着る、役職ではなく「さん」づけで呼び合うようにする、などが有効であろう。一方で、先述したプロフェッショナリズムの観点から考えると、専門職は自分が高いモラルを持つ人間だと自覚をさせるために、他の人と区別できるような形にしたほうがよいことも考えられる。組織の中で具体的にどのような措置をとればよいかは、実地に検証しなければならないであろう。

組織コミットメント

コミットメント（commitment）とは、個人が行動に言質を与え、行動に束縛されることである（今城周造 1999『心理学辞典』有斐閣）。組織コミットメント（組織へのコミットメント）は、個人が組織に対して一体化している程度、または組織の目標と個人の目標の合致している程度と定義されている（田尾 1999）。

組織コミットメントは、個人と組織との心理的な結合のあり方を反映しており、帰属意識や一体感と同義に扱われることもあり、組織コミットメントの定義には複数の意見が見られる。

①組織コミットメントは個人と組織との交換だという考え方。ベッカー（Becker 1960）のサイドベット説（特典説）に代表される。個人は組織に対して一貫した行動をすることによって、組織から

保証された仕事と生活を得ることができる。たとえば、終身雇用の場合、ずっと同じ会社に勤めていれば、仕事が確保でき、給料や年金も確実に得られるので、社会的需要と生活維持の需要が満たされる。同じ会社で忠実に仕事をすれば、これらの特典が得られる。逆に、会社をやめると、これらの特典を手放すことになる。また、同程度の特典を他で得ることも難しくなる。そのため、自ら行動を制限すること（たとえば、会社の方針に従い、反対意見を言わないなど）によって、会社からの恩恵を受けつづけることになる。

②組織コミットメントの情緒説。マウディら（Mowday et al 1979）やポーターら（Porter et al. 1974）によれば、組織コミットメントは「組織の目標や価値に対する信頼と受容、組織の代表として進んで努力する意欲、そして組織の一員としてとどまりたいとする強い願望によって特徴づけられる、組織への同一視や関与の相対的な強さ」である。

組織に対して強い肯定的感情を持っていなければ、組織の目標と価値を受け入れ、またその組織の代表として努力するのは難しい。マウディらは、このような情緒的な側面を重視した、組織コミットメント質問紙（ＯＣＱ）を開発した。ＯＣＱは、組織コミットメントを測定する心理尺度として広く使われている。

③コミットメントの三要因説。アレンとマイヤー（Allen & Meyer 1990）が提唱した。現在、彼らの定義が最も広く受け入れられている。コミットメントの三要因とは、「感情的要素」、「存続的要素」、「規範的要素」である。「感情的要素」とは、この組織が好きだから組織に残りたいという気持ちであり、感情的・心情的なものである。また、「存続的要素」とは、これまでと変わらない利益を確保する

ためには、組織に残ったほうがよいというコミットメントである。組織を去れば、現在の仕事の環境や生活の保障がなくなり、再就職先がすぐみつからないという大きいリスクを負うので、可能な限り、現在の組織に残ったほうが安全である。サイドベット説を基にした要素である。そして、「規範的要素」とは、「これまでトレーニングを受けたりしたのに、すぐ会社をやめることはどうだろうか」といったような社会規範的意識が内在化することによるコミットメントである。組織にいることで培われる忠誠心である。

一方、田尾（1997）の研究グループは、日本における組織コミットメントを新たに定義しなおした。そして、愛着要素、内在化要素、規範的（日本的）要素、存続的要素の四つの要素を確認した。アレンとメイヤー、OCQ、その他のコミットメント研究から、項目を取捨選択した。感情的要素は、組織に対する愛着と、組織の目標を自分の目標とする内在化（O'Reilly & Chatman 1986）に細分化され、規範的要素は日本的な、「人の目」を気にするという社会規範によるコミットメントの概念になっている。

今まで日本社会では、終身雇用、年功序列のシステムにおいて特に存続要素が顕著であったが、雇用の流動化や年功序列の廃止などの社会的な変化によって、組織コミットメント全体も大きく変わりつつある。

組織コミットメントの効果として、一般的に以下のことが挙げられている。まず、組織コミットメントが高ければ、組織との密着度が高くなるので、転職や欠勤が少なくなる。また、組織に対する責任感と連帯感が強くなり、短期的にせよ、長期的にせよ、組織がうまくいくように努力する傾向がある。

［組織コミットメントと内部申告］

前述のように、組織コミットメントは「感情的要素」「存続的要素」「規範的要素」の三側面があると考えられている。これらの側面に関わる組織構成員の個人的特徴、あるいは心理的傾向は、内部申告行動とどのような関係にあるのだろうか。

まず、感情的要素では、組織の目標を自分の目標として、組織の代表として努力する場合、組織の理念や行動基準をそのまま自分の行動の基準にするので、組織を批判的な目で見ることができなくなる可能性が高い。組織の理念や行動基準に、法律を遵守し、倫理規範に従うことが明文化されていれば、不正行為をこれらに反するものと認識しやすいが、もし明文化されていなければ、不正行為がグレーゾーンに入り、組織における仕事のやり方として納得してしまう危険がある。その意味で、最近数多くの企業が行動綱領や倫理綱領を整備しはじめたが、不正抑止のための有効な手段の一つと考えられる。

感情的な要素と関連する、組織に対する愛着や忠誠心に関する考え方には二通りがある。組織の悪いところを絶対外部に知られたくない、組織の悪口を許さないという考え方と、組織をより健全にする、あるいはより大きいリスクを回避するために、組織にとって一時的にダメージを受けても不正を糾弾すべきだという考え方である。

組織に対する愛着と忠誠心から、組織における不正行為を隠蔽するのも、暴露するのもいずれも可能である。不正行為があったといっても、自分と運命共同体のような組織のイメージを壊したり、法的・社会的制裁を受けさせたりすることは断固許さない、という心情から、さまざまな形で不正行為をカバーし、組織の中で密かに対処してしまうケースがよくある。

これに対して、不正行為の隠蔽は組織内では一時的に問題解決になるかもしれないが、不正行為の根絶にならないし、また隠蔽自体も不正行為になる可能性が高いので、組織の長期的な利益を考え、内部申告しても問題を完全にしなければならないと考えることもできる。組織に対する愛着と忠誠心があるからこそ、内部申告を行う必然性がある。

以上のことから、組織構成員に対して、組織を批判的な目で見て、組織の長期的な利益を考えるよう、より高次の愛着と忠誠心を持つための教育が必要であろう。

次に、存続的要素について考えてみたい。多くの人にとって、組織に勤めることは生活基盤の確保だけではなく、人生そのものになると言っても過言ではない。組織に対して自ら貢献する一方、組織に所属することによって自らの社会的要求が満たされたり、仕事の遂行によって自己実現のチャンスが提供されたりする。当然ながら、給与の取得によって安定した生活も保障される。

辞職、あるいは失職した場合、次の仕事がすぐ見つからない、あるいは見つかっても今までより条件が悪くなるというリスクがある。特に、経済不況で、リストラや早期退職などが多い時期には、組織に残りたい気持ちが強くなると容易に推測できる。このような、組織に残りたい気持ちが強い場合、組織、あるいは組織の大多数の人と同調し、組織を批判する行動をとらないほうが、個人のリスクは

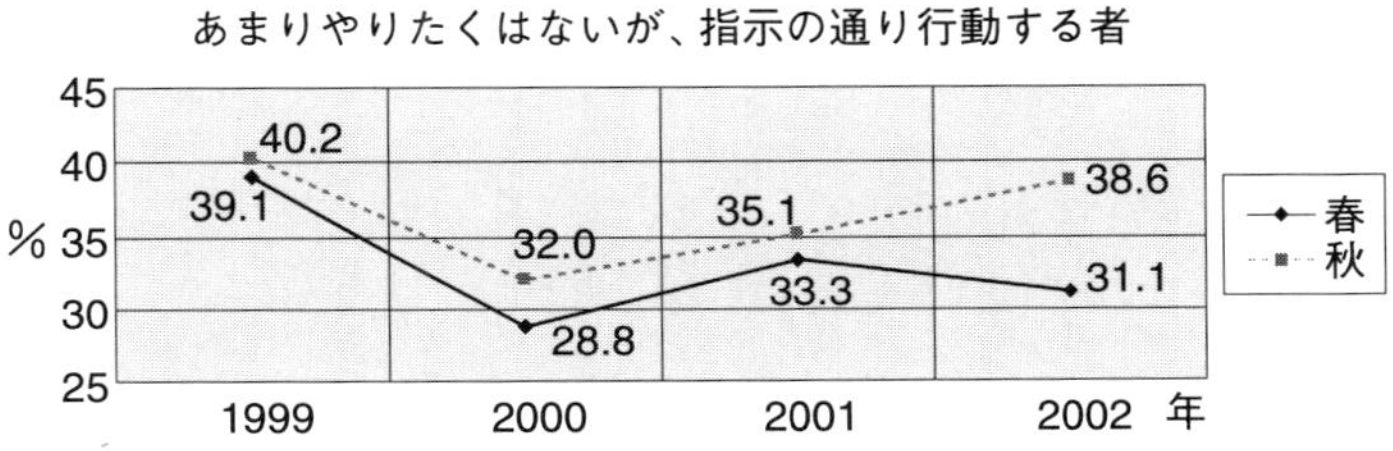

図４-１　社会経済生産性本部の調査結果

小さい。このような場合、組織における不正行為を見ても、一般的に組織に対して異議を唱える可能性が少ないだろう。仮に内部申告すれば、組織にダメージを与えたり、組織や同僚と対立したりすることにより、組織から報復を受け、解雇されたり、退職を迫られる可能性もある。また、内部申告の結果、組織自体が解散し、内部申告者だけではなく、同僚など大勢の人々が影響を受ける結果に至ったことも現実にある。

　本来ならば、組織不正ができないような組織のシステムやルールを整備しておかなければならない。しかし、現実に組織不正が行われた場合、その不正が拡大しないうちに組織内部で対処することが、組織にとってもっとも理想的な解決方法である。それを実現するために、組織構成員の不正行為に対する行動は重要である。現実はどのようになっているのであろうか。

（財）社会経済生産性本部は毎年、新入社員教育プログラムへの参加者を対象にした新入社員入社後半年間の意識変化の調査を行っている。毎春、新入社員が入社したときに調査し、そして同じ回答者に対して、同じ年の秋にもう一度調査をしている。１９９９年からは、次のような内部申告に関する質問項目が設けられている。「上司から、会社のためにはなるが、自分の良心に反する手段で仕事を進めるように指示された場合、いる。

あまりやりたくはないが、指示通り行動するか」というものである。その結果が図4－1に示されている。

「悪いことだと認識しながら、会社の言う通り行動する」と答える人の割合は、調査開始の1999年より、2000年にいったん下がったが、その後、また増えてきた。特にこれは、長年の不況で就職難がさらに深刻化し、新入社員が会社に対する批判的な態度をとりにくくなったことを示していると考えられる。また、すべての年において、入社時の春よりも入社半年後の秋に「指示通り行動する」割合が高くなっている。つまり、入社当初、自分の道徳倫理判断で行動できても、入社して半年で、悪いことだと認識しながら、それに対抗する行動がとれなくなった人が多数いるのである。2003年度の春と秋はそれぞれ32・0％と36・2％であったが、2004年度の春の調査では、過去最高の43・4％となり、新入社員の倫理面での悪化傾向が指摘されている。

最後に、社会規範の側面について、組織の構成員が組織内でいかに振舞うべきかに関しては、社会一般の善悪基準が、個人の意識と行動に影響を与える。社会規範は時には不明瞭なことがあるため、ここでは、社会規範そのものと社会規範に対する知覚を分けて考える必要がある。

まず、社会規範そのものは客観的存在であると考えられるが、時代と共に変化している。たとえば、昔は「組織の中で指揮系統があるから、上司に従ってやればよい」という考え方が多かったが、最近は、「社会全体の公益、正義のために、上司の不当な業務命令に従う必要はないし、不正行為を見たら通報すべきだ」という考え方が増えてきている。また、「組織に入ったら、ずっとそこで仕事をすべきだ」という過去の考え方に対して、最近は、「組織は個人に仕事のチャンスと生活の保障を与え、個人は組織にも貢献しているので、組織と個人は対等なものだ。よりよい職場があれば、現在の仕事をやめても叱られるようなことではない」という考え方を多くの人が持つようになってきている。社会規範の変化は、個人の行動にも影響を与え、内部申告に関する心理的なハードルを低くしていると考えられる。

一方、社会規範に対する知覚とは、客観的に存在している社会規範をどのように認識しているか、である。この知覚は必ずしも客観的存在と一致していない。前述した例の個人と組織と関係に関する考え方についても、人によって利用する情報の量と質が異なることによって、社会規範がどうであるかについて異なる判断を下す可能性がある。たとえば、いつも新聞を読んでいる人は社会風潮や世論の変化を敏感に認識し、新聞をほとんど読まない人に比べて組織の利益よりも社会全体の利益を優先させて判断する可能性が高い。社会規範として組織に服従すべきだと知覚していれば、内部申告する可能性は低くなるだろう。一方、組織といえども悪いことがあれば戦うべきだということを社会規範として知覚していれば、皆も内部申告を肯定的に認識していると判断し、内部申告を行う可能性が高くなるだろう。

職業満足感

職業満足感は、「仕事や、仕事における経験についての評価から生じてくる、喜ばしい感情もしくは肯定的な感情である」(Locke 1976)。職業満足感は、仕事に対する態度であるが、職場に対する態度でもある。一般的に、仕事に満足していれば、仕事に対する動機づけは高まると考えられるが、しかし、これは必ずしも正しくないと言われている。

職業満足感の規定要因には、職務特性、監督、給与、仕事の環境などの状況要因（Locke 1976）と個人特性要因（Staw & Ross 1985）がある。

職務の拡大、給与の増加、職場の快適化などの状況要因によって、職業満足感の程度が高くなると予測できる。一方、個人の仕事に対する好き嫌い、仕事の状況に対する判断の傾向など、個人の感情的、認知的な特性によっても、職業満足感に個人差が生じる。同じ個人であれば、異なる職業に就いても、職業満足感の程度があまり変わらないという考え方もある。個人特性が職業満足感に本当に影響を与えているかどうかについては、まだ議論が続いている。

職業満足感の内容については、ハーズバーグ（1968）の動機づけと衛生要因の二要因説がある。つまり、職業満足感には、仕事内容や、仕事を行う方法に対する評価による動機づけの側面と、仕事の環境、労働時間などに対する評価の側面がある。この二側面の評価によって職業満足感が決定する。

しかし、営業職のような職種で、業績と給料とが連動する場合、給料は生活の手段だけではなく、仕事の到達度、会社からの評価なども含まれている。給与に対する満足も職業満足感度の重要な側面だという考え方もある（安達 1998）。

いずれにしても、職業満足感は、組織における個人の仕事に対する感情であり、仕事の動機づけとも関連している。しかし、井手（2001）も指摘しているように、職業満足度と行動には直接的な関係がない。職業満足度が低い人が、必ずしも職場における問題行動を起したり、仕事に向かないということはない。むしろ、満足していないほうが、批判的な視点に立ち、物事を判断できるという面もある。

［職業満足感と内部申告］

仕事の内容や環境、そして給与に満足している人はどのような行動をするだろうか。二つの可能性が考えられる。

まず、職業・職場環境について満足していれば、満足していない人よりもそれを失うことによる心理的コストが大きい。したがって、満足しているゆえに、保守的になる可能性が大きい。あるいは、職場の不正行為によって、今までの職場環境が悪くなったり、破壊されてしまったりすることに対する危機意識を持つことも考えられる。この危機意識によって、組織内部での通報を行うであろう。しかし、外部への通報は可能性が低いだろう。

第二の可能性として、職業満足感の高いことは同時にその分野ですでに熟練しており、発言力があることを意味する。本人は知識・経験が豊富で、しかも自分の主張が影響力があると思うならば、不正行為を見たときに、通報する可能性が高いと考えられる。

これらの仮説は、実際に心理調査や心理実験で確認する必要がある。

プロフェッショナリズム

プロフェッショナリズム（professionalism）とは、専門職を仕事とする人（professional person）に対する技能や高いレベルの行動への期待である。

プロフェッショナリズムの特性として、以下のことが挙げられている（Harris et al. 1995）。まず、特定の専門職（profession）になるためには、高度な知的訓練が必要とされる。多様な職業において学習や訓練が必要とされるが、専門職には特に知的訓練や知識学習が要求される。たとえば、弁護士や医者になるためには、知識を系統的に学習することが不可欠である。

第二の特性として、専門職の知識と技術は、社会にとって不可欠なものであり、専門職が社会を大きく支えているということである。弁護士、医者、学者、技術者などは、その代表である。

第三の特性として、専門職が、その専門職サービスの提供をほとんど独占していることが挙げられる。つまり、専門職は、資格・免許制度によってコントロールされている。

第四の特性として、専門職は、その職業の範囲において高度な自律性を持ち、個人的な判断と創造性をもってその専門職の責任を遂行している。

第五の特性は、専門職が倫理基準により規制されるべきだと考えられていることにある。

専門職には、時に役割葛藤が存在することが指摘されている（田尾 1999）。自らの職業において優れた知識と技能を獲得し、それを発揮することを重視する職業人の一面と、組織の一員として、組織の目標達成のため努力することを重視する組織人の一面がある。すなわち、一人の専門職の中には、この二つの側面がある。

組織人としては、組織の中での役割があり、組織の方針や上司の命令に従うべきである。しかし、職業人としては、自分の専門知識を使って独立に考え、判断することが必要であるし、職業人としての誇りと職業人に対する社会からの期待を意識し、組織から自立を希望することも多い。

近年、職業人の守るべき倫理がしばしば取り上げられ、職業人の社会的責任が問われている。職業人の横断的な組織である学会や、業界団体によって、職業倫理綱領や技術者倫理綱領が制定されている。これらの倫理綱領に共通する主な基本的理念としては、次のようなものが挙げられる。

①豊かな社会、公衆の安全、環境の保護、人類の福祉のために行動する
②専門能力を向上させる
③専門能力を自ら把握し、責任を持って判断する
④事実を尊重し、公平・公正な態度で自ら判断する
⑤社会・公衆に対する説明責任を果たす
⑥雇用者あるいは受託者としての契約を遵守する
⑦法令・倫理規範等を遵守する

たとえば、日本土木学会が1999年に制定した「土木技術者の倫理規定」は、以下のようなものである。この中で、特に第4項、「自己の属する組織にとらわれることなく、専門的知識、技術、経験を踏まえ、総合的見地から土木事業を遂行する」は、組織と独立した専門家としての活動である。そして、第10項、「法律、条例、規則、契約等に従って業務を行い、不当な対価を直接または間接に、与え、求め、または受け取らない」は、法律の遵守を求めている。

日本土木学会倫理規定

土木技術者は

1　「美しい国土」、「安全にして安心できる生活」、「豊かな社会」をつくり、改善し、維持するためにその技術を活用し、品位と名誉を重んじ、知徳をもって社会に貢献する。

2　自然を尊重し、現在および将来の人々の安全と福祉、健康に対する責任を最優先し、人類の持続的発展を目指して、自然および地球環境の保全と活用を図る。

3　固有の文化に根ざした伝統技術を尊重し、先端技術の開発研究に努め、国際交流を進展させ、相互の文化を深く理解し、人類の福利高揚と安全を図る。

4　自己の属する組織にとらわれることなく、専門的知識、技術、経験を踏まえ、総合的見地から土木事業を遂行する。

5　専門的知識と経験の蓄積に基づき、自己の信念と良心にしたがって報告などの発表、意見の開陳を行う。

6　長期性、大規模性、不可逆性を有する土木事業を遂行するため、地球の持続的発展や人々の安全、福祉、健康に関する情報は公開する。

7　公衆、土木事業の依頼者および自身に対して公平、不偏な態度を保ち、誠実に業務を行う。

8　技術的業務に関して雇用者、もしくは依頼者の誠実な代理人、あるいは受託者として行動する。

9　人種、宗教、性、年齢に拘わらず、あらゆる人々を公平に扱う。

10　法律、条例、規則、契約等に従って業務を行い、不当な対価を直接または間接に、与え、求め、または受け取らない。

11　土木施設・構造物の機能、形態、および構造特性を理解し、その計画、設計、建設、維持、あるいは廃棄にあたって、先端技術のみならず伝統技術の活用を図り、生態系の維持および美の構成、ならびに歴史的遺産の保存に留意する。
12　自己の専門的能力の向上を図り、学理・工法の研究に励み、進んでその結果を学会等に公表し、技術の発展に貢献する。
13　自己の人格、知識、および経験を活用して人材の育成に努め、それらの人々の専門的能力を向上させるための支援を行う。
14　自己の業務についてその意義と役割を積極的に説明し、それへの批判に誠実に対応する。さらに必要に応じて、自己および他者の業務を適切に評価し、積極的に見解を表明する。
15　本会の定める倫理規定に従って行動し、土木技術者の社会的評価の向上に不断の努力を重ねる。とくに土木学会会員は、率先してこの規定を遵守する。

[プロフェッショナリズムと内部申告]

上述したように、プロフェッショナリズムの特徴は、専門家としての専門性と、社会における重要性、そして、特に強調されるのは、プロフェッショナリズムの自律性である。専門職は、外部による規制や監査よりも、専門家としての高度な道徳倫理規範に従って行動することが重要だと考えられている。そして、専門家団体の学会や協会は、比較的に早い時期に倫理綱領を作成し、会員の専門家に、その行動規範の遵守を求めている。特に、組織と関係なく、知識や能力を用いて、事実に基づく独自の良心的な判断を求めている。このような倫理規定は、行動規範があいまいな状況を明文化し、行動の基準として参照することを可能にした。

組織において意志決定を下すのは必ずしも専門家でないし、その意志決定も専門家の意見に基づくものとは限らない。そのため、組織の決定には、専門知識で判断すれば必ずしも正しくないこともある。そこで重要なのは、誤った決定に対して専門家がはっきり反対意見が言えるかどうかである。専門家が自ら、自分の意見や立場を表明し、倫理や法律に触れる行動・行為を反対することは、長期的に見ると、組織自体にとってもよいことである。

組織の構成員でありながら、専門家集団の構成員になっている場合、組織の規範と、専門家集団の規範の両方への遵守が求められる。しかも、後者の規範は「自ら判断する」というものである。

最近、企業における不祥事が数多く報道されている。企業にとっては、このような不祥事が起こることによって企業イメージだけではなく、企業の存続まで影響されかねない。これと関係して、企業などの組織で倫理規範や行動規範が制定され、順法精神が謳われている。専門家は、この組織の倫理規範の上に、さらに専門家の立場に立って組織内で行われる行動について判断し、対応しなければならないのである。

組織に属するプロフェッショナルの場合、組織への帰属意識と、プロフェッショナルとしての意識が葛藤を起こすこともあるだろう。組織コミットメントの節で述べたように、組織に対する情緒的な愛着や、帰属意識が強く、存続的コミットメントが高い場合には、その組織の構成員として、組織の規範に従って行動することが多くなるであろう。一方、専門家は、プロとして、自分の職業に対するコミットメントや、倫理の基準を持っている。

しかし、組織に所属していても、専門家としての倫理観、つまり、一専門家としての良識に基づいて行動することができれば、万が一、組織に誤った決定や不正行為があったとしても、それに立ち向かえる可能性は大きいであろう。

このような専門家としての自覚は、どうすれば向上させられるのだろうか。専門家である個人だけが自覚を持てばよいのではなく、組織も、専門家を育てる努力をする必要がある。組織は、専門家としての意見をきちんと聞き、尊重することで、専門家の自覚を促し、専門家の意見を活用する姿勢をもつことが必要である。

また、専門家集団の学会、協会などは、団体としての目標として、社会的貢献のほかに、会員の社会的地位の向上や会員に対する専門的な支援、会員間の交流、協力の促進などの活動によって、会員の構成員性を高めるように努力しなければならない。

専門家個人は、学会や協会の会員になり、組織外での専門活動を積極的に参加するように心がけるなど、一専門家として物事について判断する能力と習慣を身につける必要がある。そして、組織人でありながら、同時に、組織から離れた立場で客観的に組織の行動について評価すべきである。

組織風土

組織風土（organizational climate）は、組織において明文化されていない思考様式、行動規範である。組織の中の個々人が組織という状況を認識し、そこから判断や行動を導き出す、基盤になるものである。組織風土は、組織にいる個々人の認識により、量的に測定可能だと考えられている（田尾 1993）。

表４-３　組織文化と組織風土の研究パースペクティブの比較

	組織文化の研究	組織風土の研究
相違	組織文化の文献	組織風土の文献
認識論	文脈的・個性記述的	比較論的・法則定立的
視点	イーミック（ネーティブの視点）	エティック（研究者の視点）
方法論	質的フィールド観察	量的調査データ
分析レベル	潜在的な価値観や仮定	表面的レベルの表現
時間的志向	歴史的進化	歴史には無関心なスナップショット
理論的基盤	社会構築　批判理論	場の理論
分野	社会学・人類学	心理学

Denison（1996）を翻訳。

組織風土と類似した概念に、組織文化がある。組織文化は、組織のメンバーによって共有され、無意識のうちに機能し、しかも組織が自分自身とその環境をどう見るかを、基本的で「当然のこととみなされた」方法で定義するような「基本的仮定」や「信念」という、より深いレベルのものである。これらの仮定や、信念は、外部環境での生き残りの問題や、内部統合の問題に対応して学習されたものであり、繰り返し確実にそのような問題を解決してきたから、当然のこととみなされるようになる（Schein 1985）。

組織風土と組織文化を明確に区別して定義することは難しいが、研究アプローチによる違いからは表４-３のように説明されている（Denison 1996）。心理学では、組織にいる個々人を対象として、その認識を測定できるものとして組織風土を扱っている。

組織風土とは何か、といえば、たとえば、ある会社では、先輩後輩の意識が非常に強く、「後輩が先輩に対して提案したら生意気と思われる」とか、「仕事以外にも付き合う習慣があり、そこでコミュニケーションが良くとれる」「上下関係にたてつくとひどい目にあう」というようなことも組織風土として挙げられるだろう。

このような組織風土は、内部申告という行動に影響をもたらすことが予測される。そして、内部申告と組織風土との関係は、次の二つの側面から考えることができよう。一つは組織風土と違反の容認、もう一つは組織風土と内部申告のしやすさである。前者は、組織風土のいかんによって、そもそも内部申告の対象となる不正行為の内容、深刻度、頻度が異なってくるということである。後者は不正行為について通報することについて生じる心理的な抵抗が、組織風土によって異なってくるということである。組織構造として、通報のための窓口が整備されているかどうか、通報者が規程によって保護されているかどうかという制度的要素も大きいであろう。しかし、組織の雰囲気や、職場の風土による影響は無視できない影響力をもつのである。

［組織風土と違反の容認］

岡本（2001; 2002）は、組織風土の中の属人思考の問題点を指摘している。属人思考とは、事柄の評価の際に、その事柄の性質・特性の情報よりも、誰がそれを行っているのかという「人」の情報を重視する傾向である。岡本（2001; 2002）は、属人思考が与える組織への悪影響として、誤りが正しにくくなることや、反対意見が躊躇される度合いが高くなり、イエスマンが跋扈する危険があることなどを挙げている。

組織風土と違反の容認について、上瀬ら（上瀬・鎌田・宮本・岡本・下村 2002）、鎌田ら（鎌田・上瀬・宮本 2002）の研究がある。企業・官公庁の正社員・正職員３４０名に対して行った、違反に対する容認状況の調査研究である。この調査では、26の質問項目によって属人的組織風土の程度を測定した。質問項目の例を若干掲げる。

・相手の体面を重んじて、会議などにおいて反対意見を言いにくいことがあるか
・誰に頼まれたかによって仕事の優先順位が変わるか
・会議では誰の提案かによってその提案の通り方が違うか
・仕事ぶりよりも好き嫌いで人を評価する傾向があるか
・トラブルの場合「犯人探し」が先に行われるか

また、違反に対する容認的態度に関しては、組織的違反に対する容認と、個人的違反に対する容認を分けて調査した。組織的違反に対する容認とは、たとえば「職場内で互いの不正をかばいあう」といったような組織上の問題を容認することで、一方、個人的違反に対する容認は、たとえば「出勤時間に少々遅れてもとがめられない」のような個人の問題に対する容認である。この二群の項目は、統計的分析によっても、たがいに相関しない尺度群に分かれることが確認された。

分析の結果、組織風土の26の質問項目の背後に、六つの因子が見出された。それらは以下の通りである。

1　前向きな挑戦傾向

2　階層性の重視
3　命令系統の整備
4　独自性の重視
5　現場主導型
6　人的ネットワークの整備

この組織風土の6因子と、組織的違反を容認する態度、個人的違反を容認する態度のあいだで相関の有無を調べた結果、組織的違反に関しては、「階層性の重視」とやや強い正の相関、「前向きな挑戦傾向」および「命令系統の整備」と弱い負の相関が見出された。

個人的違反に関しても、相関の方向は類似しているが、相関の強さが異なる。つまり、「階層性の重視」とは弱い正の相関、「前向きな挑戦傾向」および「命令系統の整備」とは0・3程度の負の相関関係にある。

すなわち、組織内で、組織の階層性が強調されている場合、組織的違反と個人的違反の両方とも容認する傾向がある。一方、組織内に前向きな挑戦傾向があり、命令系統が良く整備されていれば、どちらの違反とも容認しない傾向があることを示している。

鎌田ら（2002）が、上瀬ら（2002）と同じデータを使って属人思考と違反との関係について調べた結果、属人思考と、組織的違反の容認に強い正の関係が、また、属人思考と個人的違反の容認に弱い正の関係が見出された。つまり、組織における属人思考が高ければ、違反を容認する傾向も強くなるのである。そして、属人思考は、特に、組織的違反の容認を促進してしまう。

違反を容認する傾向の強い組織では、違反や不正行為を問題視することが少なく、組織内部での通報が少なく、また通報されても改善の措置がとられないと考えられる。しかし、このような状況に対する反動で、かえって組織外部への申告が起きることも考えられる。一方、違反を容認しない傾向の強い組織では、二つの可能性が考えられる。一つは、違反を容認しない傾向が強いので、違反や不正行為を行うと強い反対・抵抗を受けることが予想され、違反や不正行為自体が起こりにくい。もう一つは、違反や不正行為が実際に起こった場合、特に、誰か組織内部で通報すれば、組織が真剣で適切に対処することが予想される。このような組織風土においては、外部への申告が少ないと考えられる。

さらに組織風土は、組織をとりまく広い社会的な文化の影響を受ける可能性もある。社会的な文化がマネジメントスタイルやマネジメントの態度に影響を及ぼすという一連の研究も見られるが（Keenan 2002; Tavakoli Keenan & Crnjak-Karanovic 2003）、さらに研究がのぞまれる分野である。

［そのほかの組織風土］

組織の意志決定が民主主義的である場合と、官僚主義的である場合を比べると、組織内部への申告は、民主主義的な組織において多いことが示されている。これは、コミュニケーションのチャンネルがオープンで、不正に対してインフォーマルな対処もすすみやすいということが影響していると考えられている（Rothschild & Miethe 1999）。

また、組織のモラルに対する価値観については、外部への申告者の29％は、組織のモラルに対する価値観は高かったと答えているのに比べて、不正を見たことがないと答えた人の87％が、組織のモラル価値観は高いと評定していた。すなわち、組織の価値観が不正の生起にも影響を及ぼす可能性もある。

他にも、従業員が、「この組織は、申告に対してきびしい報復をする」という認識がある場合、申告は抑制されるという研究がある。キーナン（1995）は、組織の報復に対する恐れが、申告意思にネガティブに影響を及ぼすことを示している。

さらに、報復の厳しさに対する認識が、同じ管理職でもトップ、ミドル、ボトムで異なることが示されている（Keenan 2002）。報復の厳しさに限らず、組織風土の認識は、職位によって異なる（岡本・鎌田 2006）。集団内のパワーやコントロールにより、集団内でリスクの高い行動に対する敏感さが異なるということでもあり、報復の厳しさについて、厳罰主義という組織風土の一次元として検討される必要がある。

組織からの報復については、1992年のメリットシステムのデータを再分析し、個人特性（性別、年齢、人種、学歴、職位、勤続年数、管理職に就いてからの年数 vested employee）と、状況要因（内部への申告か外部への申告か、不正の被害金額、不正の頻度、大きな不正）から検討した結果、報復を受けやすいのは、アフリカ系のマイノリティ、管理職でなく一般職員、外部への通報者、大きな不正に対する申告者であったという結果が得られている（Rothschild & Miethe 1999）。

パワー依存モデルと内部申告の効果予測モデル

実際の内部申告は、内部申告の効果との関連から、組織の中のパワー関係に組み込まれている。組織内のパワー関係に焦点を当てたモデルとして、パワー依存モデルを紹介する（Near & Miceli 1985 1987; Miceli & Near 1992, 1994）。これは、内部申告者や内部申告に対する組織の反応が、違反者が組織にとってもつパワーの程度や、内部申告者が組織にとってもつパワー、そして、不正自体のもつパワー（組織は不正からどのくらい経済効果を受けているか）に依存するというモデルである（Near & Miceli 1985 1987; Miceli & Near 1992, 1994）。

このモデルは、後に申告の効果予測をするためのモデルに発展した（Near & Miceli 1995）。申告の効果予測モデルの基盤理論は、変革の理論（組織変革と変革への抵抗）と影響力の理論（組織への外部コントロール）（Pfeffer & Salancik 1978）、管理職間の価値観合致（Enz 1986, 1988）、少数派の影響力（Moscovici 1976）、影響力の基盤（French & Raven 1959）である。モデルのインプット変数は、①内部申告者の特性、②申告先の特性、③違反者の特性（以上、3変数が個人変数）、④不正の特性、⑤組織の特性（以上、2変数が状況変数）の五つで、アウトプット変数は、組織の長期的パフォーマンス（将来的実績、組織の外部環境変数への制御力）の二つである（図4－2）。

内部申告がいかに効果的かは、以下の12の仮説により予測される。

①同僚、管理職、そして、申告先が認識する内部申告者の信用性。

②同僚、管理職、申告先が認識する内部申告者のもつパワー。

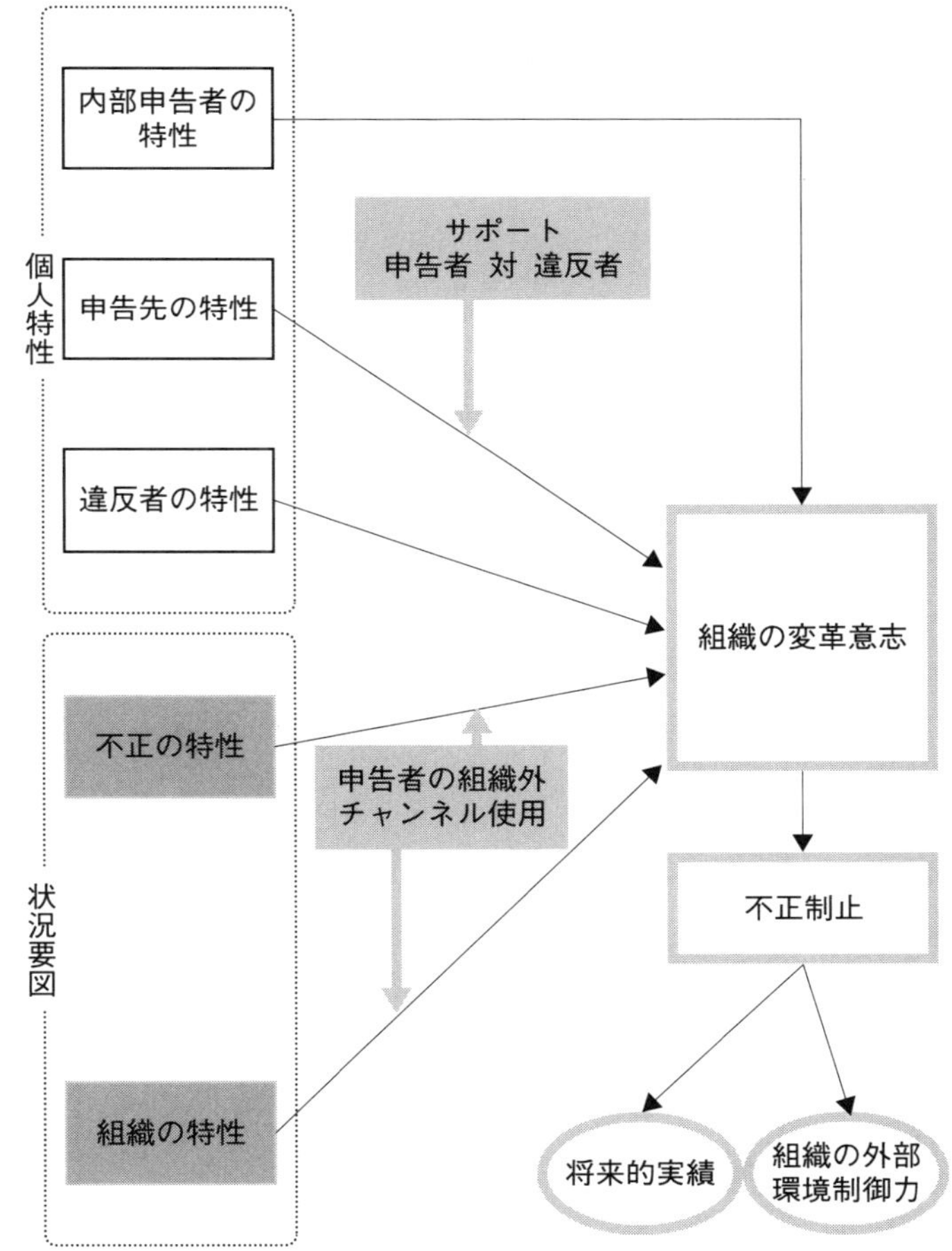

図4－2　内部申告の効果予測モデル

③内部申告者は信用性が減らない限り、申告先には名を明かすほうが効果が期待できる。
④申告先が内部申告者をサポートする場合に限り、申告先の信用性が高く、パワーがある場合、効果が期待できる。
⑤不正を起こしている申告対象の信用性やパワーが低い場合、効果が期待できる。
⑥組織が不正に依存している場合には、組織内部への申告よりも外部への申告が有効である。
⑦不正の証拠に説得力がある場合、効果が期待できる。
⑧内部申告者は、違法性が明らかではっきりした不正を申告することで効果を高めることができる。
⑨内部申告者が通報していることがらが、規則や、インフォーマルな規範においてきちんと問題になると、同僚、管理職、申告先が認識する程度により、申告の効果は異なる。
⑩組織風土が不正を否定し、内部申告を積極的に認め、内部申告への報復を否定する場合、申告は効果的である。
⑪内部への申告を奨励する正式なメカニズムがあり、制度が実際に一貫している場合に限り、組織の官僚的構造は申告の有効性を高める。
⑫外部への申告が適用される場合、その効果は、組織が社会の中でどの程度パワーをもつかに依存する。

内部申告とパワーとの関連は以前から指摘されているが、実証研究はようやく最近見られるようになった（Rothschild & Miethe 1999）。当初の内部申告研究では、内部申告者のプロファイリングが重視されてきた。しかし、古い、一職種のデータ分析の繰り返しではなく、民間企業の大規模調査のデータによる結果をあわせて見ることで、デモグラフィック要因の影響がほとんどないこともわかってきた（Rothschild & Miethe 1999）。そのような研究背景が、他の要因に目を向けさせるきっかけになったと考えられる。

◆意志決定プロセスとしての内部申告

熟考行動の理論

内部申告、特に外部への内部申告は、多くの場合内部申告者が熟考した上でとられる行動である。このような考慮の上での計画された行動について、フィッシュバインとエイゼン（Ajzen & Fishbein 1980; Fishbein & Ajzen 1975）は、熟考行動の理論（theory of reasoned action）を唱え、態度と行動との関係を示している（注　reasoned action は合理的行為と訳されることもある。その場合、rational action と区別できないので、ここでは「熟考行動」または「熟考行為」を用いる）。

フィッシュバインとエイゼンによれば、行動は行動意図によって予測できる。行動意図を知るために、二つのことを確認しなければならない。一つは、その行動に対する本人の態度である。もう一つは、その人が認識している主観的規範である。つまり、その行動が他の人から期待されているかどうかについての予測である。

行動に対する態度は、行動がもたらす可能な結果のそれぞれに対して、行動がその結果をもたらすという信念と、その結果に対する評価の積を合計したもので計ることができる。

行動に対する態度＝（行動が結果をもたらすという信念×その結果に対する評価）の合計

また、主観的規範は、本人にとって重要な人たちのそれぞれに対して、その行動に対する期待についての評価と、その人に従おうとする動機づけの積を合計したもので計れる。自分にとって重要な他者とは、家族や友人、あるいは同僚などである。

主観的規範＝（行動が重要な他者から期待されているという評価×その他者に従おうとする動機づけ）の合計

そして、以下のモデルで行動意図や行動を予測する。

行動≒行動意図＝w_1×行動に対する態度＋w_2×主観的規範

ただし、w_1 w_2は経験的に決定される重みづけ

このモデルの特徴は、以下の四点である（広瀬 1992）。

①従来、態度は、行動、認知、感情の複数成分からなる包括的概念として扱われている。しかし、このモデルでは態度を感情的側面のみに注目し、認知から態度へ、態度から行動意図へという一

方向の因果関係を仮定している。

②社会的な対象そのものではなく、対象への具体的な行動に対する態度を重視している。

③行動の場面における、他者からの影響を一括して、主観的規範としている。これによって、態度と行動の媒介変数である状況要因が取り入れられる。

④このモデルで予測できる行動は、合理的な判断に基づいた自由意志によって実行できる行動、すなわち、熟慮行動に限定されている。モデルで想定している人間像は、熟慮に基づいて、冷静な判断を下すことができる合理的な人間である。合理的に考えれば、行動に対する肯定的な態度と、肯定的な主観的規範が強ければ、その行動を行う意図は強くなる。

エイゼンは、行動統制の認知（perceived behavioral control）をモデルの中に導入し、行動意図を三つの要素から予測するようにモデルを発展させた。そして、拡充したモデルを計画的行動の理論（theory of planned behavior）と呼んでいる（たとえば、Ajzen 2002）。この行動統制の認知は、前述の自己効力感と類似しており、特定の行動をとるに際して、自分自身がどの程度コントロールできるかという知覚である。他の条件が一定で、行動統制の認知が強ければ、その行動を行う意図が強くなると予想される。行動統制の認知は、さらにいくつかの側面における統制認知の強さ（strength）と、統制認知のパワー（power）の積の和で測ることができると、エイゼンは主張している。

［熟考行動と内部申告］

以上のように、熟考行動、あるいは計画的行動を予測するためには、まず、その人の行動に対する態度が重要である。

内部申告、特に、組織外部への通報の場合は、通報前に、当人がこの行動に対してどのように思っているかが重要になる。熟考行動モデルに基づいて考えれば、ある人が内部申告するという行動の意図を知るためには、内部申告に対するその人の態度を見ればよい。そして、その人の周りの人の中から、特に本人が重要だとして、意見や意向を重視する人が、その人の内部申告の意図と行動に対してどのように考えていると思うかについて調べればよい。内部申告という行動が起こる可能性は、本人の内部申告に関する考えと、その行動を他の人がどのように見るのか、どのように評価されるかについての主観的な「認知」に影響される。そのため、たとえ、本人が内部申告したくても、周りの人が否定的な意見を持っていると認知していれば、本人の内部申告する行動意図は低下し、実際に内部申告行動をとる可能性も小さくなるはずである。さらに、自分の行動に対する他人の態度に関して、他人の態度そのものと、内部申告を考えている本人の認知とは区別されている。本人の認知は、真実を反映していないこともありうるので、たとえば周囲の人が本人の申告行動に好意を持っていても、本人がそれを認識できなかったり、あるいは逆に周囲の人が本人の申告行動について否定的に考えていると思ったりすると、内部申告の意図は弱くなるであろう。

内部申告を考えている人、その人にとって大事な人の内部申告に関する考えは、当然ながら世論の影響を受けるだろう。たとえば、組織において内部申告しやすい環境を作るために、組織内部の教育だけではなく、組織構成員の家族の理解と支援、さらにマスコミなど世論の利用も必要であろう。

　最近、日本においては、内部申告の正義性や、社会的効果が、広く認識されるようになりつつある。新聞・テレビなどのマスメディアでは、内部申告について否定的な話がほとんど聞かれなくなっている。しかし、内部申告に対する偏見は本当になくなったと言えるのであろうか。科学的調査ではないが、筆者たちの周りにも、「原則として内部申告を肯定するが、自分の職場にそういうことがあるのはいやだ」という人がかなりいる。あるいは、「内部申告はいいが、内部申告者は何か特別な人で、そもそもいろいろな不満を持ち、『問題児』のような人なのではないか」というイメージを抱く人もいる。つまり、建前としては内部申告を肯定的に話すが、本音は関わりたくないという現実が存在しているように思われる。

　アメリカの例として、タイム誌の「パーソンズ・オブ・ザ・イヤー２００２」では、３人の内部申告者が選ばれたことに対する読者の意見が投書欄に掲載された。その中に、「大変よかった」という意見、「内部申告をした人は確かにいいですが、『パーソンズ・オブ・ザ・イヤー』は国際的にも重要な影響を与える人物を選ぶべきだった」という意見、そして「内部申告はよくない」という意見があった。「内部申告はよくない」という投書の内容は、次のようなものである。「これらの女性は、ヒロインとは正反対である。彼女たちは、雇ってくれた組織の裏切り者である。なぜ組織の中で解決できなかったのか。彼女たちの動機づけはまったく利己的だ。彼女たちは外部に喋ることによって、売名した。このような人たちを選んだことをとても残念に思う」。このような意見をもつ人が、アメリカでどれほどいるかは不明だが、内部申告に否定的な考え方がまだ存在していることは確かである。

内部申告、特に外部機関への通報は、通報者が何らかの不利益を受ける可能性が大きい。内部申告者を保護する法律が比較的に早い時期に整備されているアメリカにおいても、内部申告者が自分に対する報復を訴えることに多大な時間と精力を費やしていることが報告されている（Glazer & Glazer 1989）。その意味で、内部申告は通報者本人にとっても「面倒な」ことである。それだけではなく、内部申告によって、同僚や家族、友人なども巻き込まれる可能性がある。同僚の場合、もし職場における不正であれば、調査を受けたり、処分されたりすることもありうるし、あるいは申告者と同じ職場だからというので、差別を受けたりすることも考えられる。

一方、家族にとっては、本人の内部申告によって、差別や不利益な扱いを受け、家庭生活にも大きな影響が出ることも十分考えられる。本人が内部申告しようとしたら、同僚や家族などから反対されるだろうと予測され、しかも同僚や家族の意見を大事にしたいのであれば、申告の行動意図はかなり小さくなるであろう。

内部申告と意志決定

意志決定（decision making）とは、いくつかの選択肢の中から、特定のものを選択することである。この意志決定は二つの観点から研究されている。一つは規範的な観点、つまりどのように選択すれば、利益が最大化されるかというものである。もう一つは、記述的な観点、つまり人間の選択行動の特性を記述し、それに合うような選択行動は何かというものである。規範的な観点は、人間が最大利益を求めるために合理的に行動するという大前提を立て、選択肢の中で最大の利益をもたらすものはどれ

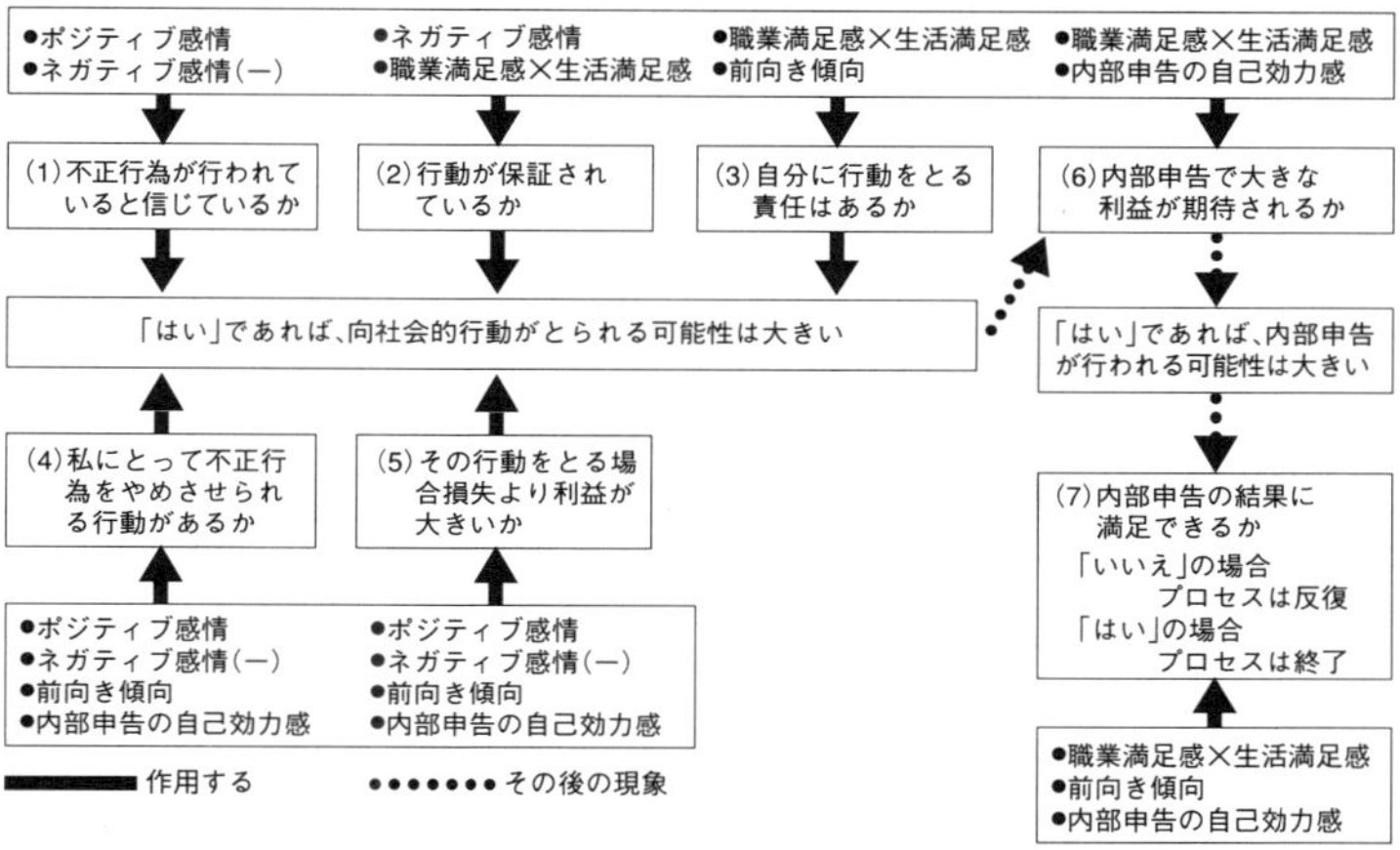

図4-3　内部申告の意志決定モデル　(Miceli, Van Scotter, Near, & Rehg 2001)

かを数理的に計算する。一方、記述的観点は、人間の選択が必ずしも最大利益と一致しないという事実を重視し、人間の行動を観察して記述する。

選択は、多くの選択肢の中から一つを選ぶものもあれば、実行する／しないという選択もある。また、特定の条件が満たされれば、特定の選択をするという条件付の選択もある（たとえば、職種がＳＥならば、Ａ社に就職する、といったようなものである）。

多くの意志決定は、決定ツリーで表現できる。つまり、一連の選択が階層的なツリー構造となっており、一連の選択によって最終的な選択の結果が決められる。

［内部申告の意志決定モデル］

内部申告においては、どのような要因があり、それぞれどの程度影響を与えるかについて、意志決定のモデルを作って検討することも行われている。このようなモデルは概念モデル、つまりおおざっぱに影響要因が何かを示すものと、数量的な関係を示す数理モデルがある。一般的に、まず、概念モデルが先に検討され、それを精緻化する形で数理モデルが作られる。

ミセリら（Miceli, Van Scotter, Near, & Rehg 2001）は、内部申告の個人心理的特性要因について検討した上で、内部申告の意志決定モデルを提唱している（図４－３）。それによれば、内部申告は二種類の意志決定によって決定される。一つは、不正行為に対するアセスメント、もう一つは不正行為が行われた場合、どのように行動すべきか、である。そして内部申告は主に、「感情」「職業満足感」「生活満足感」「前向き傾向」「内部申告に対する自己効力感」に影響される。

このモデルによれば、潜在的な内部申告者は、次の一連の質問への答えから判断を行う。

①自分では、不正行為があったことを信じるか
②通報する行動は保障されるか
③自分には通報する責任があるか
④自分が不正行為をやめさせるためにできる行動があるか
⑤もし通報行動をとれば、損失より利得が多いか

これらの質問に対する回答が「はい」となっていれば、内部申告行動をとるであろう。そして、それぞれの質問に対して、「はい」という答えを出すことを促進、または抑制するのには、個人の心理的特性が影響を及ぼしている。

◆内部申告は向社会的か、反社会的か

向社会的行動

向社会的行動（prosocial behavior）とは、対人関係の中に見られる行為のうち、社会的、文化的に、他者や社会システムにとって肯定的結果をもたらすと評価される行動のことである。「他者の身体的・心理的幸福を配慮し、ある程度の出費を覚悟して、自由意志から、他者に恩恵を与えるために行う行動」と定義される（社会心理学小辞典 2002）。援助行動、愛他的行動、協力は、向社会的行動の例である。なかでも援助行動は向社会的行動の代表例として、数多くの研究が行われている。援助行動は、困った人に援助の手を差し伸べ、他者に利益をもたらそうと意図された自発的な行動である。自分に対する利益を目的とせず、また時には自分にとって不利益なことや損失が伴うことがある（高木 1998）。

内部申告は、組織における不正を糾弾し、組織により健全になってもらいたい、あるいは不利益を受けてしまう消費者を助けたいという動機によって行われた場合、一種の向社会的行動としても捉えられる。自分の利益よりも、組織や消費者などの利益のために通報し、その通報によって自分が報復されたり、不利益を受けたりする危険を背負っているからである。

［向社会的行動の規定因］

ここでは、向社会的行動の代表例として、古くから研究が数多く行われた、援助行動を取り上げる。そして、援助行動と規定因の関係から、内部申告行動についても考察してみよう。

援助行動の規定因に関しては、二種類の考え方がある。一つは、援助行動が生まれながらにして人間にそなわっているという生来説で、それに対してもう一つは、学習によって発達した行動であるという学習説である。後者の学習説が一般的である。学習説はさらにいくつかに細分されている。まず、精神分析学においては、子どもの初期発達段階において、特に親との相互作用過程で援助性が発達すると考えている。また、認知発達論の考えでは、子どもの成長に伴い、認知能力、道徳性、共感性が発達することが、援助行動の発達に影響を与えると考えている。そして社会学習理論においては、子どもが社会との相互作用の過程において、強化やモデリングによって援助性を獲得するようになると主張している。

援助性を持っていても、具体的な場面において援助行動をとるかどうかには、さまざまな要因が影響する。

援助行動が実際に行われるかどうかは、意志決定過程を経て決まると考えられている。つまり、誰かが援助を必要としているか、その援助必要性において自分に責任があるか、援助行動を行うことは自分にとって危険が大きすぎないか、そして自分にとって援助する具体的な行動があるかと、異なる段階で判断しなければならない。これらの段階ですべて肯定的な判断結果が下されれば、援助行動が実際にとられるが、どこかの段階で否定的な判断になれば、最終的に援助行動は行われない。

つまり、援助行動に影響する要因は、この意志決定過程への影響要因である。それでは、どのような要因がこの意志決定過程に影響を与えるのであろうか。これまで、援助を必要とする人(被援助者)に関わる要因、状況要因、援助する人(援助者)に関わる要因が挙げられている。まず、被援助者に関わる要因に関していえば、たとえば、道端で転んだ人を助ける場合、元気そうな若者よりも、体の弱そうな年寄りが転んだときに援助が行われることが多いだろう。また、状況要因に関しては、繁華街で人がいっぱいいるところよりも、小さい町で人の少ないところでの援助が行われやすい。これは、人が多い場合には、同じ状況を見ている人が多いために、責任感が分散されること、また、賑やかなところでは刺激が多く、援助を必要とされている事態が意識されにくいことに起因すると考えられている。

人を援助する必要がある場面で、たとえば同じ状況であっても、援助する人としない人がいる。これは援助者要因による違いである。

援助者の要因としては、心理特性とデモグラフィック（人口統計学的）な特性がある。まず、心理特性として、社会的責任性や、援助に対する態度、社会の援助規範に対する意識や、共感性などが挙げられている。たとえば、社会的責任性が援助行動と関連していることは多くの研究で確認されている。社会的責任尺度や価値尺度を用いて社会的責任制を測定した場合、得点が高い人は、援助行動を行う傾向が強いと報告されている。

他者の感情や情動状態を知覚し、自分自身にも代理的な情動反応が起こるという共感性、あるいは社会的感受性は、多かれ少なかれ人々が持っているものである。この共感性・社会的感受性の高い人は、他の人の困っている状況や援助の必要性がよく理解できるので、援助行動をとる可能性が高いと考えられている。

一方、援助者の年齢や性別などのデモグラフィック特性による援助行動への影響も報告されている。

たとえば、男性は依存性の低い人に対して援助することが多いが、女性は依存性の高い人に対して援助する傾向が多い。これは、依存性の高い人に対して援助する場合、援助が継続する可能性が高くなり、援助者のコストも高まるためだと考えられている。男性は、女性と比較してコストの高い援助を行わない、という説明である。年齢に関しては、年長者は、比較的に多くの援助行動を行う傾向にあると報告されている。

援助行動には、援助者の一時的な心理状態やムードが大きく影響することもよく知られている。自分がいい気分、あるいは余裕のある気分のときには他人の世話ができるが、自分のことがうまくいかず、余裕のないときには、とても他人の世話ができないという経験は誰でも持っているであろう。アイゼン（Isen 1970）は、心理学の実験で、ある作業の成功や失敗で人の感情状態を操作し、その成功や失敗による感情状態が、援助行動に対して効果を与えることを確認した。つまり、失敗した人よりも、成功した人が援助行動を行うことが多い。これは、「成功による心地よい満足感」が、他人に対してもっと親切になり、援助するようにさせたと説明されている。

しかしながら、ある人は、社会的責任性や社会的感受性が高くても、必ずしも特定の援助行動をしない。つまり、援助者の心理的特徴や人口統計学的特徴は、援助行動に関する一般的な傾向を予測することはできるが、特定の援助行動の生起に関する予測は、非常に困難である。

［向社会的行動としての内部申告］

内部申告と向社会的行動には以下の共通点がある。

まず、向社会的行動の目的は自分ではなく、他人である。公益や組織の健全化のために行われる内部申告の場合も、自分の利益より公益のためだと言える。

向社会的行動は、自己犠牲を伴うことがある。性質はかなり違うが、内部申告も報復を受けるなどで自分が犠牲になる可能性がある。

このような共通側面が存在しているため、向社会的行動に影響を与える要因を内部申告行動に適用することは、ある程度可能と考えられる。

［向社会的行動としての内部申告への影響因］

以上述べたように、内部申告行動は向社会的行動と共通する要素も多い。そのため、向社会的行動のひとつとして、援助行動に影響する個人の心理特性や人口統計学的な要因が、内部申告にも関連することが予想される。もしも複数の人が組織における不正行為の事実を知った場合、全員がその行為はやめるべきだと思うかもしれないが、やめさせる責任が自分にもあると認識できるのは、一部の人だけかもしれない。つまり、内部申告せねばならない「責任」に対する認識は、人によって異なるのである。

言い換えれば、多くの人は、誰かが困っていることを認識することができる。しかし、自分が助ける責任があることを認識できるのは一部である。自分が同じような状況にあったら、どれほど困っているかと、同じ感情を認識できるのは、一部の人だけである。前述したが、社会的責任感や社会的感受性の高い人で、他の人より自ら不正をやめさせる意志が強い場合、これらの人たちが実際に申告行動をとる可能性は大きい。

その他にも、援助行動と自尊心との関係も指摘されている。特に責任を感じる場合、援助行動を行わなければ、後に責任が問われる可能性もある。このとき、自尊心の低い人は責められてもしかたがないと思うだろうが、自尊心の高い人は自分のプライドに傷がつくと思う。したがって、自尊心の高い人は、より積極的に援助行動をする傾向があるという報告がある。

内部申告に関しては、自尊心の高低が影響を与えると考えられる。自尊心の高い人は、不正行為を知りながら通報しなければ、自らの責任を放棄したに等しいと考える可能性が高く、また、自分の責任を果たすために通報する傾向を示すだろうと考えられる。しかし、実証研究はまだなく、現在のところ結論を出すことはできない。

デモグラフィックな側面に関しては、たとえば、年齢や性別、勤務年数などが内部申告行動に影響を与えることが考えられる。内部申告行動に対する年齢や性別の影響はいくつかの形で現れると考えられる。たとえば、年齢が高くなれば、組織や職場での勤務期間が長く、専門知識が多くなり、あるいは職位が高くなることで、尊敬も集まる。その場合には、何か反対意見を言っても、報復される可能性が小さく、報復の程度も軽いと考えられる。一方では、勤務期間が長くなるにつれて、権威主義的になったり、不合理な規則に対して、「どこでもやっている」「しかたがない」といった考えが強くなる場合もある。そのときには、問題を問題として認識する感度が鈍くなり、通報しにくくなることもあろう。

だんだん少なくなってはいるが、日本社会においては、男性より女性のほうが従順で、自己主張をしないことを美徳だと考えている人がまだ多い。性別に関していえば、このような「社会規範」に従うのであれば、男性より女性のほうが内部申告行動をとる可能性が少ないと考えられる。

また、年齢や性別は、キャリアや生活環境と関連することが多い。たとえば、20代後半の男性は、就職して数年経ち、仕事に関する知識や技能をかなり身につけ、仕事に対する自信も持つようになるだろう。そして、まだ独身で、家庭を扶養する責任がないという可能性も高い。そのために、たとえ内部申告することによって何らかの不利益な扱いを受けても、その影響範囲は自分一人だけである。この場合、内部申告によるコスト判断が低くなるため、実際に申告行動をとる可能性も大きくなると考えられる。一方、たとえば40代や50代の男性で、社会的正義感、責任感、そして共感性が高く、職場での発言も比較的に尊重されている場合、組織の内部で反対意見を言っても特に不利益な扱いを受けることが少ないために、立場としては反対意見を言うことは可能である。しかし、ほとんどが家庭を持ち、家族の扶養、子どもの教育、自宅のローンなど経済的な重荷を背負っている場合、内部申告によって組織からの報復があったら、自分ひとりだけでなく、家族全員が影響を受けてしまうことが目に見える。こう考えると、社会責任感や感受性が高く、職場での発言力があるこの年齢層の男性でも、不幸にも内部申告によって報復を受ける可能性がある場合には、そのコスト判断は非常に高いために、必ずしも申告行動をとれないのである。

ある組織での職歴が長くなればなるほど、その組織の文化に染まるということもある。組織文化が、法律や倫理など、社会の中の広範な利益を代表するような行動基準に従う行動が重要視されていない場合、組織の利益追求に走ることが、組織の構成員にとっては当然であろう。そのような組織文化の中では、社会公益のために不正行動に対して反対するという意識自体が出にくい。

［向社会的行動と内部申告の相違］

しかし、内部申告と援助行動には、大きな違いがある。

援助行動も含めて、向社会的行動の場合は、行為者は何らかの形で犠牲を受ける。一方、行動をとらなかった人や第三者が不利益を受けることはほとんどない。行動をとった人は、世論や周りの人々から社会的に賞賛を受ける可能性も大きい。しかし、その行動によって社会的制裁や懲罰を受けることはない。たとえば、誰かを援助した場合、いくらかの自己犠牲を伴うが、自己犠牲を含めて、行動自体が社会規範に一致して周囲に賞賛され、自分の自尊心を高めることが多い。そのため、道徳判断の発達段階が高い人は社会規範をより重要視して、社会的に求められる向社会的行動に出るとも考えられる。

一方、内部申告の場合、目的が公益のためであっても、周囲の人に理解してもらえない場合もあるし、周囲から賞賛されるよりむしろ、報復を受けたり、仲間から疎遠にされたりする可能性が大きい。内部申告の場合、公益を守るという正義の行動として社会一般から賞賛されることは予想できるが、組織や同僚、周りの人々から必ずしも賞賛を受けるとは限らない。つまり、内部申告を行うことで、組織内の今までの人間関係が崩れたり、不利益を受ける第三者が現れたりして、すべての人にとってよいことだとは言えないのである。報復は実質的なもの（たとえば、左遷や解雇）と精神的なもの（たとえば、集団からの排除・疎外、「裏切り」のレッテル）があり、そして報復の種類や深刻さも異なるが、場合によっては個人生活・家庭生活まで破綻したりすることもありうる。
すなわち、内部申告行動を向社会的行動として捉える場合には、共通点と相違点を両方踏まえ、行動を取りまく状況要因も含めた、慎重な解釈が必要となろう。

内部申告と攻撃行動

一方、内部申告を攻撃行動の特殊な形態として見なすこともできる。不正行為を止めさせるために、それに関する情報を関係部署や規制当局に通報する結果、多くの場合には不正行為と関わった人たちに罰が与えられる。言い換えれば、申告行動は、間接でありながら、不正行為の関係者に処罰を与えることになるのである。さらに、内部申告によって組織そのものに大きなダメージを与えることができ、組織を主体として考えれば、反社会的行動（anti-social behavior）のひとつと捉えることもできるであろう。

攻撃行動は、対象に対して危害を加えることを意図して行われる行動である（大渕 2001）。このような攻撃行動の測定方法はいくつか考案されている。その代表的測定法に、創始者のバス（Buss）の名前から、「バスのパラダイム」と呼ばれる方法がある。これは、実験参加者に学習に関する実験助手を依頼し、学習者（実はサクラ）が誤答をするたびに電気ショックを送らせる方法である。電気ショックは実際にはもちろん発生しないが、実験参加者がどの強さの電気ショックを選んでスイッチを押すか、などが、攻撃的行動の指標になる（岡本 1986）。山口（1980）は、これを用いて、恐怖感情、匿名性が、与える電気ショックの継続時間、ショックの強度に影響を及ぼすことを実験的に検証している。

攻撃行動は、以下の側面から分類することができる。まず、攻撃の対象は、本人に向けられたり、人間でない場合もあるが、他者である場合が多い。また、攻撃の目的により、敵意的攻撃と道具的攻撃の二種類に分類できる。敵意的攻撃は、対象者を苦しめることを目的とするが、道具的攻撃は、他の目的があって、それを達成するために行われる攻撃である。攻撃行動の形式は、身体に対する攻撃、言葉による攻撃、その他、罰を与えることによる攻撃などがある。それによって、攻撃対象者が物理的な損害、身体的な苦痛、あるいは心理的な苦痛を受けることが多い。

攻撃行動のもう一つの重要な側面は、その計画性である。ここでいう計画性とは、綿密なプランを立てた上の実行か、あるいはプランがなく偶然なのかということである。戦略的攻撃と衝動的攻撃の二種類に分けることができる。戦略的な攻撃とは、目的を達成するために、事前に計画を作り、実行するものである。スポーツにおける作戦、あるいは戦争における軍事行動など目標を達成する手段、あるいは問題を解決する手段としての攻撃である。計画的犯罪も、この分類に分けられる。

これに対して衝動的攻撃とは、一時的な感情による影響が高いもので、自己制御が弱く、自らの意志でコントロールするのが難しい攻撃である。たとえば職場でストレスが溜まって、家に帰ってから家族に向かって怒鳴ったりするようなものである。衝動的攻撃は、一般的に攻撃の目標がはっきりしておらず、何らかの問題解決にもならない。

攻撃行動が行われる理由として、今までの研究では以下の四つの考え方が挙げられている。

①攻撃行動は生物的に自然なものだとの考え方がある。これはさらに二つの考え方がある。一つは、精神分析学の立場からのもので、もう一つは比較行動学の立場からのものである。古典的精神分析学においては、攻撃行動は「死の本能」に基づいてエネルギーを外部の対象に向けて送り出すことである。このようにエネルギーを外部に出さないと、本人が負の効果を受けてしまうと考えられている。現代の精神分析学では、「死の本能」自体の存在を疑う人が多いが、攻撃行動は本能によるものだという考えは変わっていない。

また、比較行動学においても、攻撃行動は生物的な特徴としてとらえられている。つまり、攻撃行動は、生体の縄張りや、食料、集団の秩序などを維持するために用いられる。生体は内に攻撃のためのエネルギーを貯め、外部環境から特定な刺激を受けると、攻撃行動を自動的に行うようになる、というメカニズムなのである。

②攻撃行動のフラストレーション - 攻撃仮説。この仮説によれば、自分の目標の達成がうまくいかない場合、フラストレーションが生じる。しかし、フラストレーションが高くなれば、心理的緊張が高まってしまう。その緊張を緩めるために、攻撃行動を行うのである。

③攻撃行動の社会的学習仮説。この考え方によれば、攻撃行動が社会的行動の一種として、本人の経験や他者のモデリングによって獲得されると考えられている。モデリングとは、他人の行動やその結果を観察して自分の行動が変わるということである。

バンデュラ（1963）は、攻撃場面を見ることで、攻撃行動を模倣学習する子どもの様子を実験で示している。対象は3～6歳の保育園児で、現実場面の男女の大人の攻撃行動、映画の中の大人の攻撃行動、漫画の主人公の攻撃行動のいずれかを観察し、その後の遊びの中に攻撃行動がどのように現れるかを調べた。具体的な行動とは、ボボドールというビニールの人形に馬乗りになったり、モデルのやっていた行動のまね、鉄砲遊びなどである。その結果、いずれかを観察した場合、そうでない場合よりも攻撃行動が多く出現した。攻撃行動は、女児よりも男児に多く、特に、大人の男性のモデルを観察した場合に、多く出現することがわかった。さらに、攻撃行動をとったモデルが報酬を受けた場合、罰を受けた場合のいずれかを観察した実験では（Bandura, Ross, & Ross 1963）、報酬を受けたモデルを観察した場合には、模倣の攻撃行動が増し、罰を受けたモデルを見た場合には、攻撃行動が抑制されることがわかった。

現実の組織の場面でも、たとえば、上司へ提言した理由で苛められた人を見ることがモデル学習となり、自分が上司に提言するのをやめてしまう、ということもありうる。

④攻撃行動の機能による説明。攻撃行動は、一種の意志決定過程の結果として捉えられている。攻撃行動によってどのようなメリットが得られるか、また攻撃行動によるコストやリスクがどれほどあるかなどに対する統合的な判断に基づいて、その行動を実際にとる、あるいはとらないことになる。

［攻撃行動と内部申告］

ここまで、攻撃行動の特徴や影響要因について簡単に述べたが、攻撃行動との関連から内部申告について考えてみたい。

まず、先ほども触れたが、内部申告は特殊な形の攻撃行動、つまり外部の力を利用した戦略的攻撃行動として考えられる。戦略的攻撃行動の特徴や、影響要因が内部申告にも適用できると予測される。内部申告を攻撃行動として考えたとしたら、可能性のある攻撃対象は二つである。一つは不正行為、あるいは不正行為を行う人である。もう一つは組織そのものである。内部申告を社会の公益のために行うものと限定して考える場合、内部申告者の攻撃は、後者の組織よりも、前者の不正行為・不正行為を行う人である可能性が高い。したがって、ここでは、不正行為・不正行為者に対する攻撃行動だけを検討の対象とする。

内部申告という形の攻撃行動は、当人が組織や職場においてフラストレーションを感じるかどうかと関連するだろう。なぜならば、不正行為によって自分の信念（たとえば、自分の会社は法律違反をして利潤を追求してはいけない）が害されたり、自分が損害を受けても（不正の露呈により組織がダメージを受け、さらに個人の利益も損害を受ける）、そのような事態に対して自分が対応できなければ、フラストレーションが高まる。そのために攻撃性も高まり、内部申告行動をとる可能性も大きくなるだろうと思われる。

また、他人に対する影響力や強制力をどのように認識しているかも非常に重要である。自分の影響力を使い、不正行為に対して説得などの穏便な手段で止めさせることができると認識していれば、他力に頼る攻撃よりも自らの説得を選択して対応する可能性が大きい。しかし、もしも職場でワンマンリーダーがいれば、説得の可能性は小さくなり、攻撃行動、つまり内部申告をとる可能性が高くなると考えられる。

組織の中では、若い人や仕事の経験の浅い人、そして専門資格のない人などの発言力は小さい。そして、年長者や、仕事の経験が豊富な人、専門資格や役職を持っている人よりも説得可能性の判断が低い。その場合、比較的に攻撃的な行動をとることが多いと考えられる。当然ながら、これは不正行為を止めさせたいという気持ちが同程度であることを仮定した場合の話であって、もし年上の人よりも、若い人が社会的責任感をそれほど感じなければ、攻撃以外の行動をとる可能性も充分にある。

不正行為の意図や持続期間、危害の深刻さに対する判断も、内部申告行動をとるかどうかに影響を与える。ここでの危害は、他人や社会の多くの人に対するものである。たとえば、産地を偽って米や肉などを販売したりすることは、不特定多数の消費者に金銭的な損失を与える。また、産業廃棄物の不法投棄は自然環境を破壊し、周辺住民に健康危害、あるいは潜在的な危害を与えると考えられる。これらの不正行為が不注意で行われたものでなく、悪意をもって故意に行われたのであれば、それに対する攻撃行動も強くなるだろう。

第5章　内部申告に関する実態調査の結果

これまで紹介した内部申告の研究は、アメリカやヨーロッパにおける知見である。それでは、日本の内部申告の実態はどうなのだろうか。日本社会が内部申告をどのように見ているかについての実証的研究は、平成14年度に内閣府国民生活局が実施した国民意識調査と企業意識調査、および、九州大学の研究チームによる看護師を対象にした研究（藤村・古川 2003a; 2003b 他）を除き、ほとんど見られない。

内閣府国民生活局の調査対象は、国民と企業の二つである。国民は、内部申告をおおむね肯定的に認識しているが、詳しく見ると、内部申告をただ肯定的に捉えているだけではないことがわかる。たとえば、「不正が発生した場合には通報したい」という回答が半数以上いる一方で、「通報するかしないかはその場になってみないとわからない」という回答が4割に近い。また、法整備が「必要」と見る人が6割いる一方で、「場合によって必要」が3割にのぼる。「肯定的に見てはいるが、実際は……」といったところであろう。

企業側の認識にも、興味深い点がある。社内のコンプライアンス制度や、従業員の相談・通報に応じるヘルプラインの整備には積極的だが、申告者に対する法整備が必要であると見る企業は4割、場合によっては必要とした企業が5割である。通報を社内に限定して、問題を外に出したくないという姿勢がある。

内閣府国民生活局の調査は、内部申告を公益通報者保護法の実施という視点から見てどうか、という概要的な調査であるために、われわれが内部申告に対してどのような態度をもっているかをより詳しく知ることはできない。しかし、内部申告に対する態度は、申告する側とされる側で異なる。内部申告そのものに対する見方も「場合によってはいいが、場合によっては悪い」とアンビバレントである。たとえば、三菱自動車の組織的隠蔽事件の内部申告の一連のプロセスは、一般に知り得ない重要な情報を社会に公開し、結果として欠陥車による死亡事故を食い止めた。これは、社会的正義として肯定的側面が強調されるケースであろう。一方、談合を内部申告した社員が30年以上も閑職に追いやられたトナミ運輸の例は、組織からの厳しい報復の存在に気づかされる否定的側面が強調されるケースであろう。

果たして、内部申告は、誰にとって、どのような価値をもつのか、そして、内部申告に対する態度はどのようであるか、それらを正確に捉えることは、法律の制定・施行をはじめ、社会が内部申告を活かすための基盤である。また、公益通報者保護法の施行前に、内部申告の実態や内部申告に対する態度を通して、内部申告をとりまく社会の実態を把握することも重要である。そこで筆者らのグループは、内部申告の実態と内部申告に対する態度を把握することを目的とした調査を行った（王・宮本・

今野・岡本 2003a; 2003b; 2003c; 2004; 本多-ハワード・王 2005; 本多-ハワード・岡本・王 2005)。

調査項目は、内部申告および内部申告者についてどう考えるか、実際に不正を経験したことはあるのか、内部申告をしたか、内部申告についての法律をどう認識しているかなど多岐にわたるが、ここでは、その中から以下の三点についてまとめた。すなわち、①内部申告という事象に対する態度と、内部申告者に対する態度に相違があるか、②実際に経験した不正や、内部申告をした結果はどのようであったか、②実際に内部申告をした人は、なぜ申告することができたのか、である。

◆実態調査の概要

調査対象

調査対象は、関東1都6県在住の、20代から50代の常勤有職者である。平成12年国税調査の就業者人口データに基づいて、擬似層別比例無作為抽出で合計2000人(男性1370人、女性630人)を抽出した。調査票の回収率は、54・8%、合計で1096人の回答を得た。

調査項目

内部申告に関する項目は、主に内部申告に関する態度、不正目撃経験に関する項目、の二つである。

［内部申告に関する態度］

内部申告に関する態度は、さらに、内部申告への態度（内部申告という事柄そのものについてどう考えるか）、内部申告理由（内部申告理由はどのようなものだったと思うか）、そして、内部申告者への態度（内部申告者についてどう思うか）の三つの下位分類がある。

まず、「内部申告についてどう思うか」について、29項目の質問で尋ね、これらの項目から7主因子が抽出された（王ら 2003a; 2003b; 2003c）。7主因子は、①組織破壊、②組織健全化、③有益・正義性、④強行正当性、⑤奨励必要性、⑥背信性、⑦保護必要性である。このうち、第6主因子の背信性と第7主因子の保護必要性のふたつは、信頼性係数が低いために、分析からは除外した。

次の、「内部申告の理由は何だったと思うか」は、申告理由の20項目である。これらの項目について、主因子分析を行い、2主因子構造を採択した。いずれの主因子にも負荷量の低い5項目を除いて再度主因子分析を行い、2主因子構造を確認した。第1主因子は、内部申告理由を肯定的に捉えた「肯定的理由」の主因子と解釈した。第2主因子は、内部申告の理由を否定的に捉えた「否定的理由」の主因子と解釈した。

最後に、「内部申告者はどのような人物だと思うか」は、内部申告者に対する態度、8項目である。この8項目は、内部申告者を否定的に見る、否定的イメージ（全4項目）と、内部申告者を肯定的に見る、肯定的イメージ（全4項目）の2主因子に分かれた（王ら 2003a; 2003b; 2003c）（表5－1）。

内部申告、内部申告理由、内部申告者への態度に関する項目は、いずれも5点尺度で、項目得点の単純平均値を主因子得点とした。

表5-1　内部申告に対する態度の主因子

	主因子名	項目例	項目数	α係数
内部申告	組織破壊	「内部告発で、組織の人たちがみんな保身的になる」「内部告発で、組織の中に隠し事が多くなる」	7	.77
	組織健全化	「内部告発しやすい環境が出来ると、組織自身が法律や道徳を守るようにもっと努力する」「内部告発しやすい環境が出来ると、組織内の不正を未然に防ぐことができる」	5	.77
	有益・正義性	「内部告発は、社会全体にとって有益である」「内部告発は、社会的正義である」	7	.74
	強行正当性	「告発によって企業が倒産したり、組織がなくなったりする場合でも、内部告発はすべきである」「組織内部で上司や関係部署に通報して、それでも改善されなければ監督官庁やマスコミなど外部機関に告発してもよい」	3	.70
	奨励必要性	「社会にとって、内部告発を奨励する必要がある」「組織にとって、内部告発を奨励する必要がある」	2	.87
	背信性	「内部告発は、組織に対する裏切りである」「内部告発は、同僚に対する裏切りである」	3	.23
	保護必要性	「内部告発者を報復から守ることが必要である」「内部告発者に対して、組織が報復してもしかたがない（逆転）」	2	.38
内部申告の理由	肯定的理由	「組織が健全になってほしいから」「公的な財産や公衆の安全と安心を守りたいから」	9	.85
	否定的理由	「組織に対する恨みがあるから」「組織の中の特定の人に対する恨みがあるから」	6	.84
内部申告者	暗くてずるい人	「内部告発を行う人は暗い人である」「内部告発を行う人はずるい人である」	4	.81
	賢くていい人	「内部告発を行う人はいい人である」「内部告発を行う人は賢い人である」	4	.71

［不正目撃経験］

不正目撃経験については、「過去5年間に組織内で不正を見たり知ったりした経験があるか」について尋ねるとともに、それがどのような不正であったかを詳細を尋ねた（表5－2）。また、「不正を見たり知ったりした」と回答した人には、「それに対してどうしたか」をさらに詳しく尋ねた。いずれかに「通報した」と回答した人には、通報後にどうなったかを詳しく尋ねた（表5－3）。

◆実態調査の結果

回答者のデモグラフィックス

回答者のデモグラフィックスは表5－4の通りである。男性が7割弱、平均年齢は40歳弱である。また、平均勤続年数は、約10年、半数以上が役職のない一般社員・職員で、9割近くが正社員・正職員である。組織の業種と、職種は多様である。業種のうち最も多いのが製造業25・1％、次にサービス業16・9％である。職場サイズ（普段一緒に働いている人たち）は、平均で140名弱であるが、最大で1万4000人の回答もあり、幅が大きかった。

表5-2 「不正目撃経験」に関する項目一覧

質問項目	回答スタイル	具体的な質問
不正目撃経験	「はい」「いいえ」の2件法	「過去5年間に、あなたご自身が所属している組織において、不正行為を見たり、知ったりしたことがありますか」
不正行為の種類	「公金横領」「収賄」「公の財産の窃盗」「無資格者と知りながら、国や自治体の補助金の請求または支払い」「法または規制に対する重大な違反」「国や自治体の資金で、無駄な品物やサービスの購入」「計画や管理の不当による公の財産・資金の損失」「公的な地位の利用による個人利益の獲得」「環境に対する汚染、破壊の行為」「公衆の健康と安全に害を及ぼす行為」「公衆の健康と安全に害を及ぼす事態や行為に対する黙認」「社会倫理に反する行為」「以上のような行為に対する組織ぐるみでの隠蔽工作」「その他」	
不正行為の頻度	「常に行われていた」「頻繁に行われていた」「時々行われていた」「たまに行われていた」の4件法	
不正行為の継続期間	「1日以下」「1日～1週間」「1週間以上～1ヶ月」「1ヶ月以上～6ヶ月」「6ヶ月以上～1年」「1年以上」の6件法	
不正の深刻度	「極めて深刻」から「深刻でなかった」の4件法	
不正を知っていた人の人数(自分を含める)	人数	
不正行為が自分に及ぼした悪い影響	「極めて大きかった」「かなり大きかった」「大きかった」「小さかった」「いい影響も、悪い影響もなかった」「むしろ、いい影響(利益になること)があった」の6件法	
不正指摘における仕事上の責任の有無	「非常に責任がある」「やや責任がある」「どちらかといえば、責任がある」「責任はない」まで4件法	
社内外の窓口の有無	「なかった」「組織内の担当者に相談できる窓口があった」「組織外の弁護士などに相談できる窓口があった」の3件法	
通報した場合の効果予測	「完全に不正を一掃できる」「一部、改善できる」「改善の方向へ動いてくれる」「改善の可能性はまったくない」「状況が悪化する」「その他」の6件法	「その不正行為について通報したら、どのような効果が得られると予想しましたか」
通報した場合の上司や組織から支持の予測	「はい」「いいえ」の2件法	「通報することに対して、上司や組織から支持を得られると思いましたか」
通報した場合の家族からの支持の予測	「はい」「いいえ」の2件法	「通報することに対して、ご家族から支持を得られると思いましたか」
通報した場合の不利益な扱いの予測	「ひどいものがあるだろう」「何らかのものがあるだろう」「ないだろう」の3件法	

表5-3　「不正目撃経験後の対処」項目一覧

質問項目	回答スタイル	具体的な質問
実際の行動	「何も言わなかった」「直接の上司に通報した」「直接の上司以外の上司に通報した」「組織内の関係部署に通報した」「組織内の人事・監査部門に通報した」「組織の上層部に通報した」「組織内の順法窓口に通報した」「新聞・雑誌・テレビなどのマスコミへ通報した」「監督官庁や国会議員などの外部機関へ通報した」「その他」から1つあるいは、複数選択	「その不正行為についてどのようにしましたか」
通報による効果	「完全に不正を一掃できた」「一部、改善できた」「改善の方向へ動いた」「改善の兆しはまったくなかった」「状況が悪化した」「その他」の6件法	「不正に関する通報の効果は実際にどうでしたか」
通報による不利益	「ひどいものがあった」「何らかのものがあった」「何もなかった」の3件法	「通報した後に不利益な扱いを受けましたか」
受けた不利益の種類	「何もなかった」「業績などに対する評価が下がった」「昇進ができなくなった」「教育訓練などの機会が少なくなったか、あるいはなくなってしまった」「仕事自体は変わらないが、嫌な仕事やあまり重要でない部分の担当になった」「今までの仕事から別の仕事の担当になった」「勤務地が変えられた」「今までの仕事から離された」「職位を下げられた」「契約を打ち切られた」「同僚から仲間外れにされた」「同僚から「言わないように」と圧力をうけた」「その他」から1つ、あるいは複数選択	「あなたが受けた不利益な扱いはどのようなものでしたか」

表5-4　回答者のデモグラフィックス

性別	男性　68%　女性　32%
平均年齢	39.77歳(SD=10.83歳)
年代分布	20代25.3%、30代26.0%、40代23.9%、50代24.8%
最終学歴	中学卒2.8%、高校卒33.6%、短大・高専・専門学校卒21.7%、大学卒39.4%、大学院卒2.5%
平均勤続年数	12.31年(SD=10.47年)
職位	社長クラス0.8%、役員クラス(専務・常務取締役)1.7%、部長・所長クラス6.4%、課長・室長クラス11.1%、係長クラス10.1%、主任クラス14.3%、一般社員・職員(役職なし)53.6%、その他1.8%
勤務形態	正社員・正職員87.0%、契約・嘱託職員8.9%、派遣社員3.2%、その他0.8%
職種	事務・管理職（経営管理、総務、人事、経理、財務、一般事務など）28.9%、サービス・販売職（販売、接客、対人サービス、調理、給仕など）21.9%、技術職(開発、設計、生産、情報処理など)20.6%
組織の規模	従業員数3,000人以上の大規模組織23.6%、300～900人の中規模組織15.88%、30～99人の小規模組織15.24%
職場サイズ(普段一緒に働いている人たち)	平均139.81名(SD=623.14名)
転職回数	平均1.40回(SD=2.35回)

内部申告に対する態度

最初に、全回答者を対象に、現在、内部申告がどのようなイメージでとらえられているのかを検討した。内部申告、内部申告理由、内部申告者に対する態度の各因子に含まれる項目の単純平均値を因子得点として、調査対象者全員の平均値と、標準偏差を算出した(図5－1)。

内部申告に対する肯定的態度は、「組織健全性」「有益・正義性」「奨励必要性」「強行正当性」である。否定的態度は、「組織破壊性」である。平均値は、「組織破壊性」の値がもっとも低い。すなわち、内部申告に対する態度は全体として肯定的であることがわかる。

内部申告の理由についても同様に、

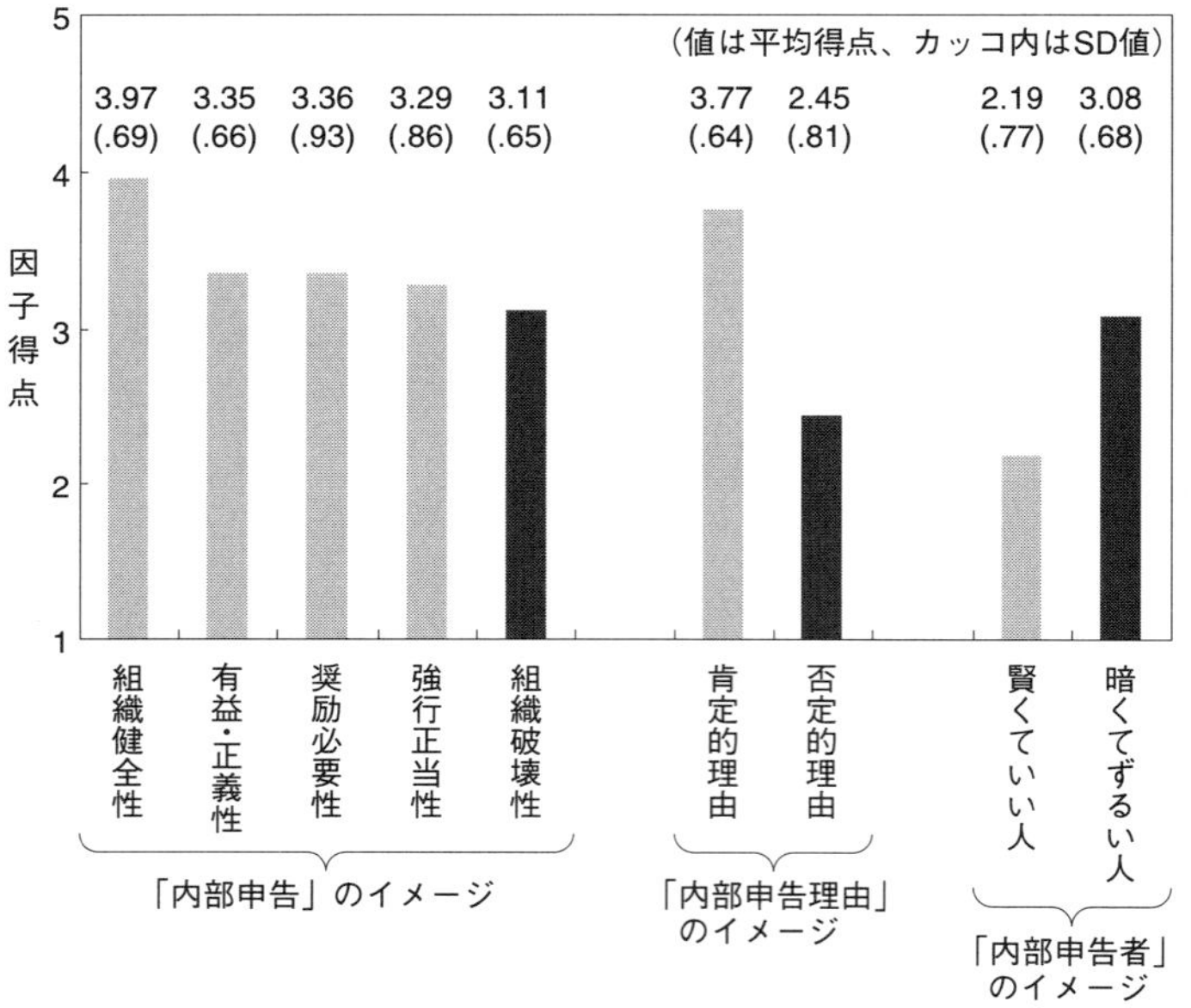

図5-1　内部申告に対する態度

「否定的理由」よりも「肯定的理由」のほうが1ポイント以上高い。内部申告した理由は、組織やその中の特定の人間に対する恨みなど、否定的理由よりも、むしろ、組織が健全化する、公共の安全・安心を守るなど、肯定的にとらえているという結果である。

しかし内部申告者に対する認識はまったく逆である。内部申告者に対しては、否定的な「暗くてずるい人」の値が、「賢くていい人」という肯定的値よりも平均値で1ポイント近く高い。内部申告によって組織的不正が暴かれると、世間は、不正を起こした企業側の悪事に注目する。有名な大企業であればあるほど、悪事に対する否定的な評価は厳しくなる。

一方で、それを暴いた内部申告は、公益や正義といった一般的な社会的望ましさとつながりやすいのかもしれない。内部申告という行為自体に対する肯定的認識には、このようなバイアスも含まれる可能性がある。世間の話題に有名大企業の不正を暴いた内部申告が頻繁にのぼれば、内部申告という事象は、抽象的なイメージになり、単純な肯定的評価、すなわち、社会の悪を倒す、といった肯定的なステレオタイプにつながりやすいとも考えられる。

しかし、内部申告者に焦点をうつすと、内部申告者は肯定的評価を受けない。これはなぜだろうか。内部申告という事象に比べれば、内部申告者は、より具体的なイメージでとらえることができる。もしも組織内で内部申告が起これば、組織はダメージを受ける。元には不正があり、しかたなく内部申告を選択したとしても、内部申告者のおかれた状況は無視されてしまう。内部申告という稀な行動が、内部申告者の個人特性に帰属されて、自分の正当性を強く主張し一人の人間の力で大組織をつぶす大それた行動をとる人物として映るのかもしれない。

これは、何か事件が起きたときに、犯人に対して内的原因帰属が行われる基本的帰属錯誤のプロセス（fundamental attribution error; Ross 1977）や、珍しい、目立つ特徴同士が容易に結びつく、誤った関連づけ（illusory correlation; Hamilton 1993）から説明できるかもしれない。あるいは、他者と異なる行動をとる者を逸脱視する社会的規範の影響や、自集団内の外れ者に対する否定的評価の厳しさであるのかもしれない（Abrams, de Moura, Hutchison, & Viki 2005）。

内部申告という行為に対する態度と、内部申告者に対する態度のずれについては、さらに詳しく調べる必要があるだろう。

内部申告に対する態度には、過去の不正目撃経験や、申告経験の有無が影響すると考えられる。そこで、回答者を、①過去5年間に、組織内の不正を見て申告した人、②見ながら申告しなかった人、そして、③不正を見た経験のない人の三つに分類した。

この不正経験の有無による相違を確認するために、多変量分散分析を行った。独立変数は、先述した不正経験の3分類、従属変数は、内部申告に対する捉え方（組織健全性、有益・正義性、奨励必要性、強行正当性、組織破壊性、肯定的理由、否定的理由、賢くていい人、ずるくて悪い人）の9主因子得点である。その結果、内部申告の捉え方は、不正経験により統計的に異なることがわかった。

従属変数別に見ると、有意差があったのは、内部申告の「否定的理由」、内部申告の「有益・正義性」である。そして、傾向のみだが、内部申告の「奨励必要性」である。それぞれ、どの分類間に差があるかを示したのが図5－2である。

不正を見て申告しなかった人は、不正を見たことのない人よりも、内部申告の理由をより否定的に捉えている。また、過去に申告した経験をもつ人は、不正を見たことがない人よりも、内部申告を「有益で正義性がある」「奨励する必要がある」と肯定的に評価している。一方、不正を見て申告した人と、申告しなかった人の間には、大きな相違がない。

次に、内部申告に対する態度は、年代や性別、職位などの違いにより異なるかどうかを検討した。不正経験による影響を除くために、過去5年間に不正を見ていないと答えた人のみを分析対象とした。また、内部申告に対する態度として、肯定的な態度（組織健全性、有益・正義性、奨励必要性、強行正当性、肯定的理由、賢くていい人）、否定的な態度（組織破壊性、否定的理由、暗くてずるい人）の二

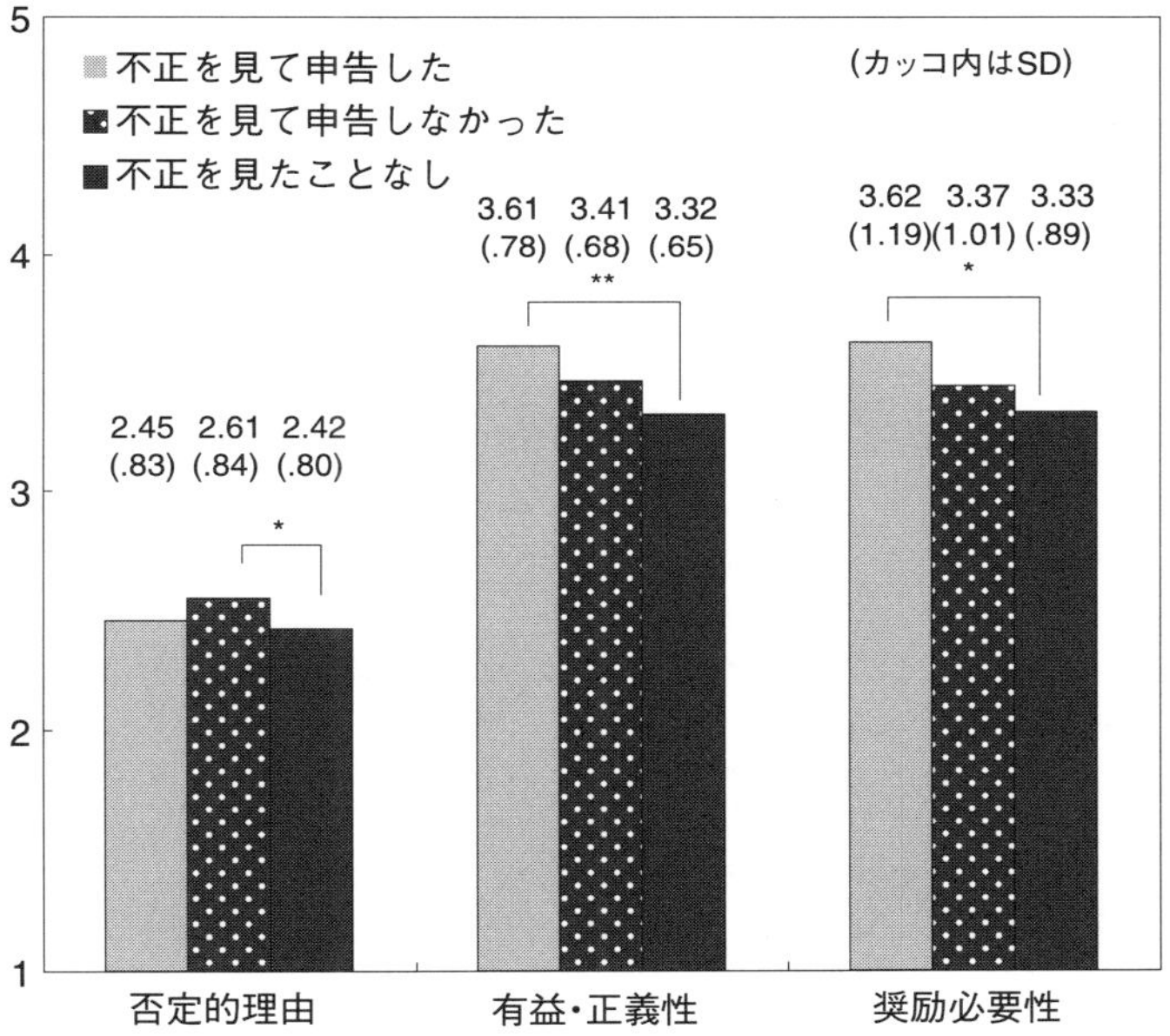

5-2　不正経験の有無による内部申告に対する態度の相違

過去の不正の目撃経験により、内部申告に対する態度は異なる（*F* (18, 2092)＝1.76, $p<.05$, Wilks'　=.97）。従属変数別にみると、「否定的理由」（*F* (2,1056)＝3.13, $p<.05$）、「有益・正義性」（*F* (2,1056)＝6.59, $p<.01$）に有意差がある。「奨励必要性」（*F* (2,1056)＝2.97, $p<.10$）は差の傾向のみ。

つに分けて、それぞれ多変量分散分析を行った。独立変数として検討したデモグラフィック変数は、年代、性別、職位、雇用形態、勤続年数である。

まず、内部申告に対する肯定的態度は、年代、雇用形態によって異なるが、性別、職位、継続年数による相違はない。

一方、内部申告に対する否定的態度は、性別、職位、勤続年数で異なる傾向にあるが、年代、雇用形態による差はない。

個々の要因ごとの結果を見ると、年代による肯定的態度の相違は、全体的な違いのみで、各従属変数に明確な違いはない（図5－3、表5－5）。ただ、年代別に細かく見ると、「奨励必要性」の得点が30代よりも50代で明らかに低い。また、「賢くていい人」という得点は、20代よりも50代が高い傾向にある。50代は、内部申告に対する肯定的態度で、他の年代とはやや異なる。

一方、雇用形態では、正社員と派遣・契約社員の「奨励必要性」の得点が明らかに異なる。「組織健全性」の得点も異なる傾向がある。契約・派遣社員は、正社員よりも、内部申告を奨励する必要がある、内部申告は組織を健全にするものだ、という認識が高い（図5－4、表5－6）。否定的態度に差をもたらしているのは、性別（図5－5）、勤続年数と、職位（図5－6、表5－7）である。男女を比べると、男性のほうが内部申告理由を否定的に見る傾向にあるが、女性のほうが内部申告者を暗くてずるい人と見ている。また、勤続年数の効果は、組織破壊性と、暗くてずるい人の二つの得点にあるが、いずれも傾向にとどまる。勤続年数が長くなるほど、否定的な態度が弱まる傾向にある。

また、職位による効果があるのは、組織破壊性の得点だけである。値だけで見れば、社長クラスの

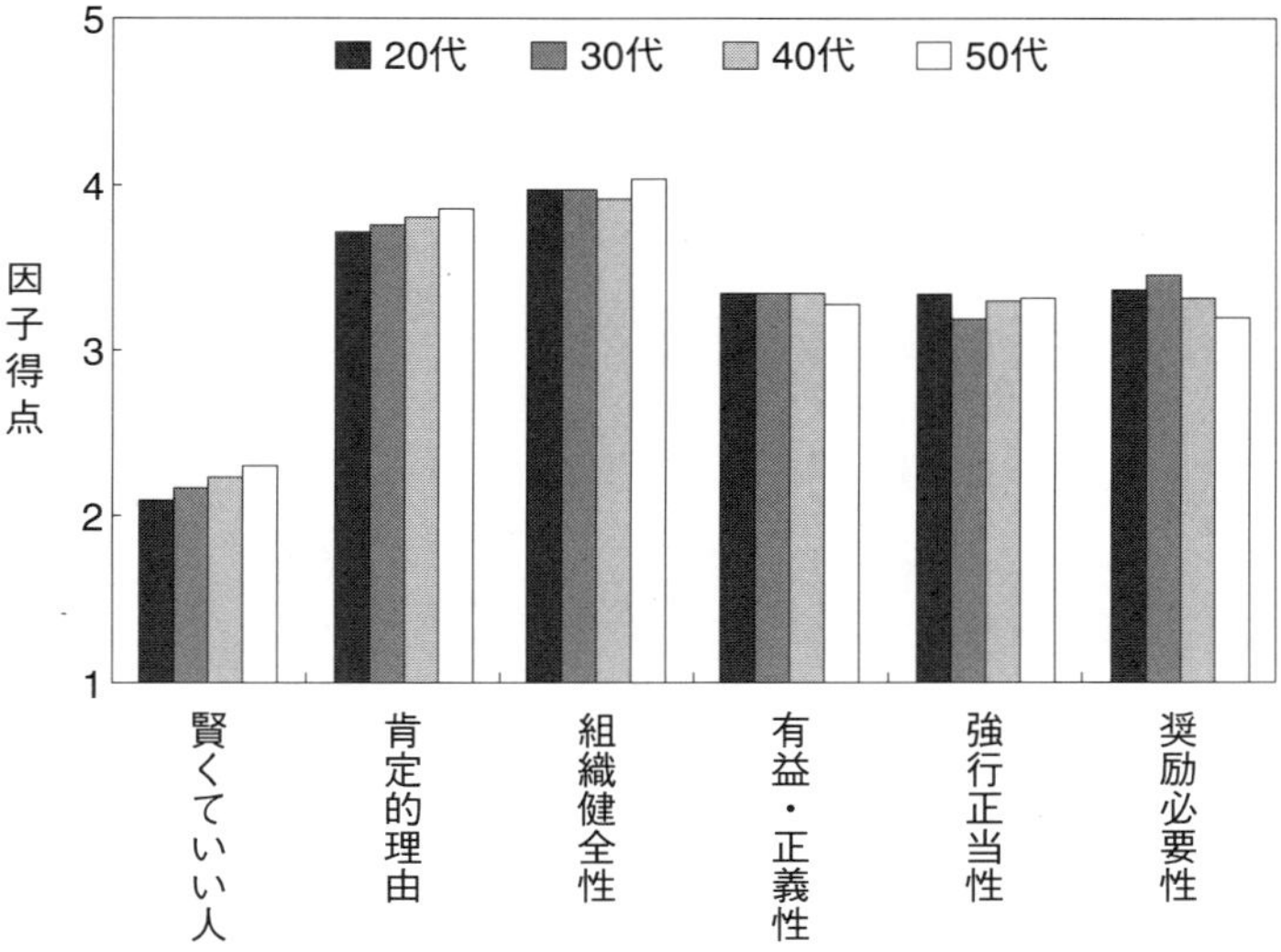

図 5 - 3　年代による内部申告への肯定的態度の相違

年代で、内部申告に対する肯定的態度は異なる（F (18, 2206.66) = 1.89, p<.05, Wilks' Λ =.96）。相違があるのは、「奨励必要性」の30代と50代（p<.05）。「賢くていい人」の50代と20代は傾向のみ（p<.10）。

表 5 - 5　年代別の内部申告への肯定的態度

		賢くていい人		肯定的理由		組織健全性		有益･正義性		強行正当性		奨励必要性	
	N	Mean	SD	Mean	SD	Mean	SD	Mean	SD	Mean	SD	Mean	SD
20代	206-218	2.09	.79	3.71	.59	3.97	.64	3.34	.59	3.34	.82	3.36	.88
30代	225-229	2.16	.78	3.74	.56	3.96	.63	3.33	.60	3.18	.80	3.45	.82
40代	197-203	2.23	.72	3.80	.67	3.90	.68	3.34	.69	3.30	.89	3.31	.91
50代	211-214	2.28	.75	3.84	.69	4.02	.75	3.27	.70	3.30	.86	3.20	.95
合計	849-864	2.19	.76	3.77	.63	3.96	.67	3.32	.65	3.28	.84	3.33	.89

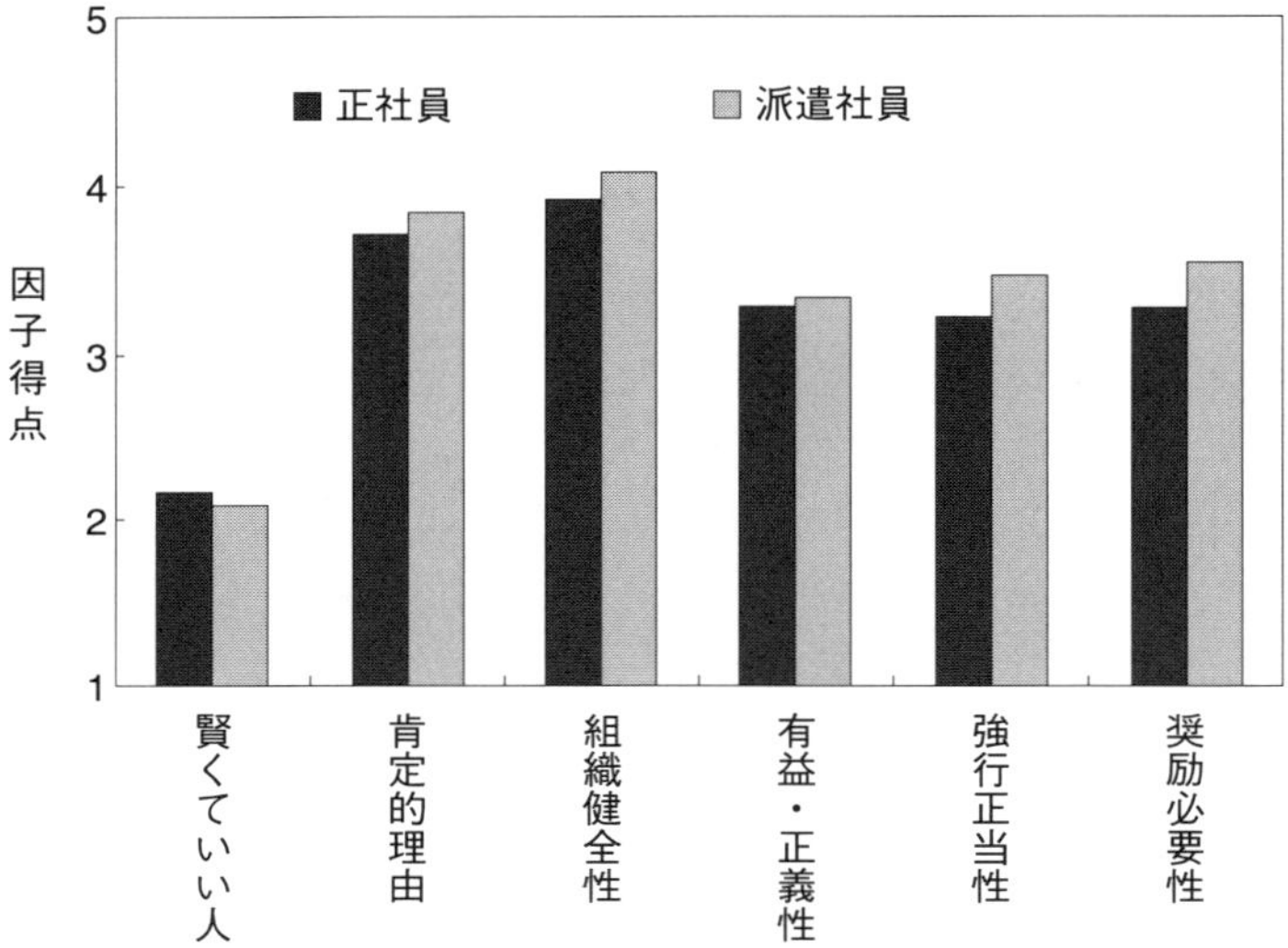

図5-4　雇用形態による内部申告への肯定的態度の相違

雇用形態により、内部申告に対する肯定的態度は異なる(F(6, 780)＝2.54, p<.05, Wilks' Λ =.98)。正社員と派遣・契約社員の「奨励必要性」の得点は、明らかに異なる(F(1, 797)＝8.90, p<.01)。「組織健全性」の得点についても異なる傾向がある(F(3, 797)＝3.19, p<.10)。

表5-6　雇用形態別の内部申告への肯定的態度

		賢くていい人		肯定的理由		組織健全性		有益・正義性		強行正当性		奨励必要性	
	N	Mean	SD	Mean	SD	Mean	SD	Mean	SD	Mean	SD	Mean	SD
正社員	728-743	2.21	.76	3.76	.63	3.95	.67	3.32	.65	3.27	.83	3.31	.90
派遣契約	82	2.06	.77	3.86	.60	4.13	.59	3.39	.65	3.51	.88	3.58	.76
合計	810-825	2.19	.76	3.77	.63	3.97	.67	3.33	.65	3.29	.84	3.34	.89

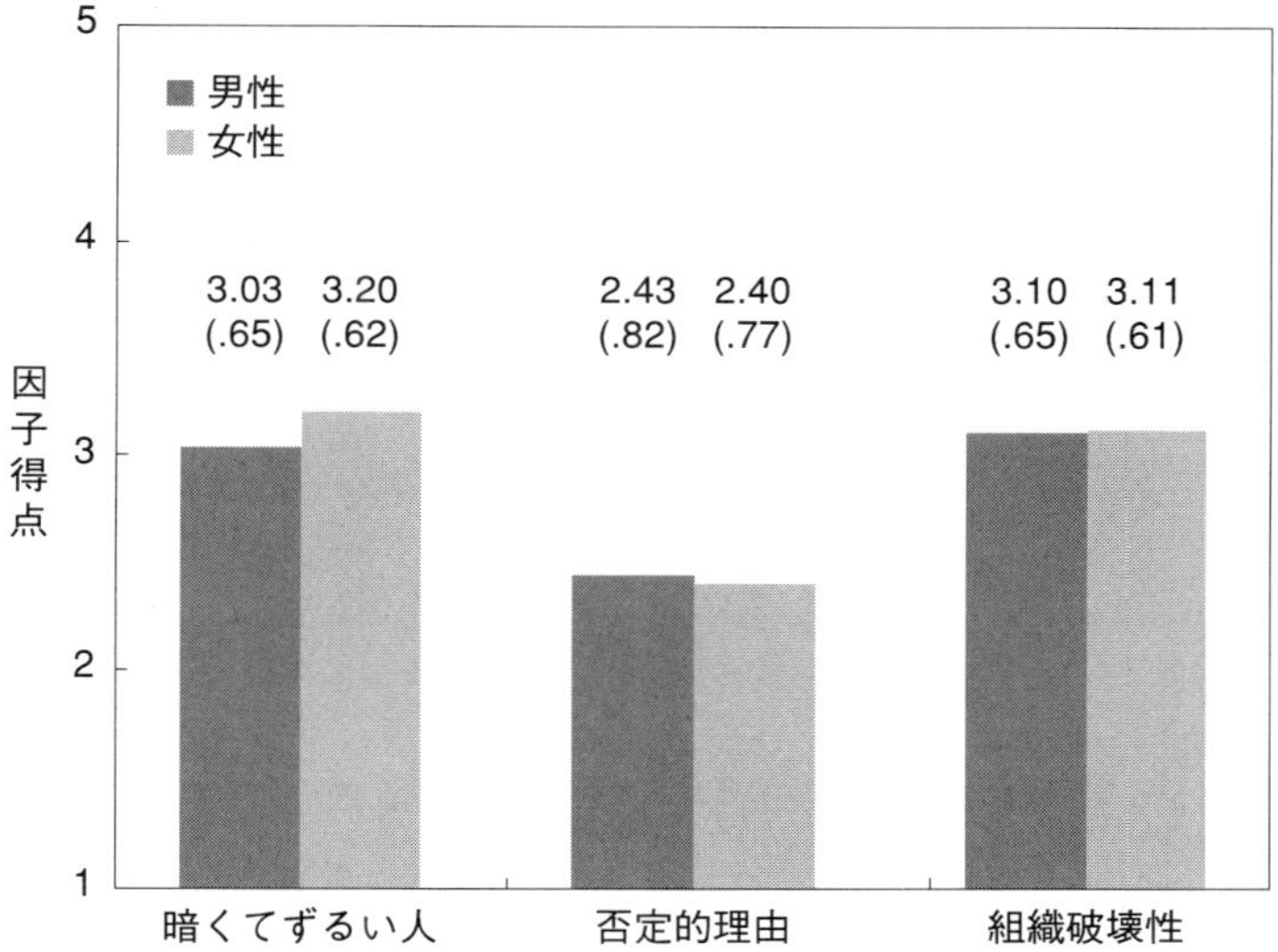

図5-5　性別による内部申告への否定的態度の相違

男女で内部申告に対する否定的態度は異なる傾向にある（F (3, 783)＝2.41, p<.10, Wilks'　＝.99)。差があるのは、「暗くてずるい人」(F (1,797)＝4.25, p<.05) である。

勤続年数の効果も傾向にとどまる（F (3, 783)＝2.49, p<.10, Wilks'　＝.99)。

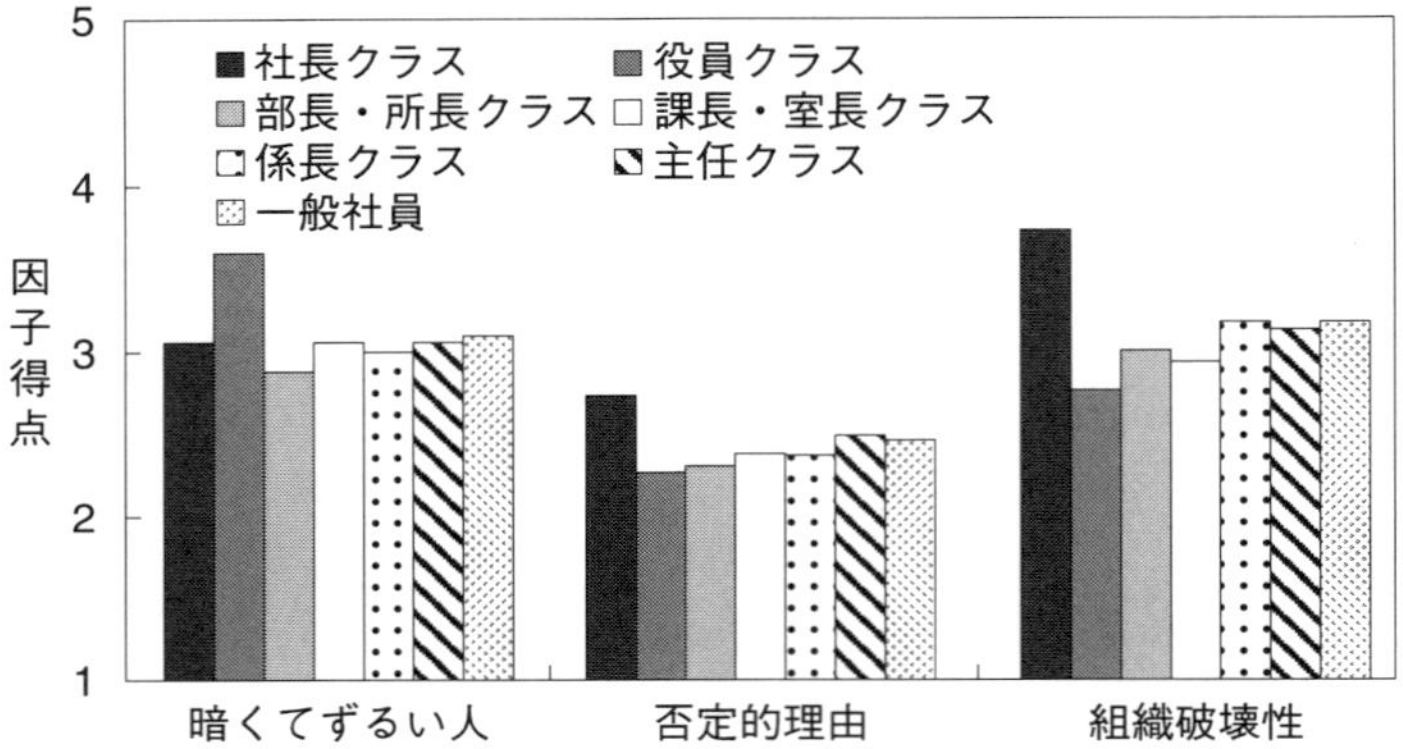

図 5 - 6　職位による内部申告への否定的態度の相違

職位により、内部申告への否定的態度は異なる傾向にある（F (18, 2215.14) = 1.51, p < .10, Wilks' Λ = .97）。有意差があるのは、「組織破壊性」である（F (6,797) = 2.18, p < .05）。

表 5 - 7　職位別の内部申告への否定的態度

組織破壊性に有意差（p < .05）があるのは	役員	係長	主任	一般社員
社長クラス	*			
役員クラス		*	*	*
課長・室長クラス		*		*

表5-8　職位別の内部申告への否定的態度のスコア

		暗くてずるい人		否定的理由		組織破壊性	
	N	Mean	(SD)	Mean	(SD)	Mean	(SD)
社長クラス	8	3.06	(.78)	2.75	(.92)	3.73	(.61)
役員クラス	14	3.61	(.40)	2.32	(1.03)	2.77	(.68)
部長･所長クラス	73-84	2.88	(.84)	2.32	(.79)	3.00	(.73)
課長･室長クラス	94-96	3.05	(.64)	2.37	(.90)	2.93	(.67)
係長クラス	86-89	2.99	(.58)	2.36	(.89)	3.15	(.67)
主任クラス	120-122	3.05	(.60)	2.47	(.78)	3.11	(.68)
一般社員	456-462	3.12	(.63)	2.45	(.76)	3.16	(.57)
合計	834-848	3.08	(.64)	2.43	(.80)	3.11	(.63)

組織破壊性の得点が突出して高い。しかし、統計的な有意差は、実は役員クラスの得点との差のみである。すなわち、社長クラスは、役員クラスよりも「内部申告で組織が破壊される」と見ている。役員クラスの組織破壊性の認識は、係長クラス、主任クラス、一般社員クラスと比べても低い。また、係長クラス、一般社員クラスに比べて、課長・室長クラスの得点は明らかに低い。

組織破壊性に関しては、社長、役員クラスの認識が特徴的であると考えることができるが、いずれの人数も極端に少ないため、この結果だけで結論は導けない。ただし、内部申告に限らず、経営トップのコンプライアンスに対する認識が、組織全体に与える影響は大きい（Keenan 1990; Siegel & Brockner 2005）。経営トップの認識については、今後、さらに実態を把握することが重要である。

過去の不正目撃経験

過去5年間に、組織内で不正を見たり知ったりした、という経験者が227名、全体の19・7％いた。経験した不正行為がどのようなものであったかを、図5－7～図5－8と、表5－9にまとめた。

不正の内容でもっとも多いのは、「社会倫理に反する行為」、続い

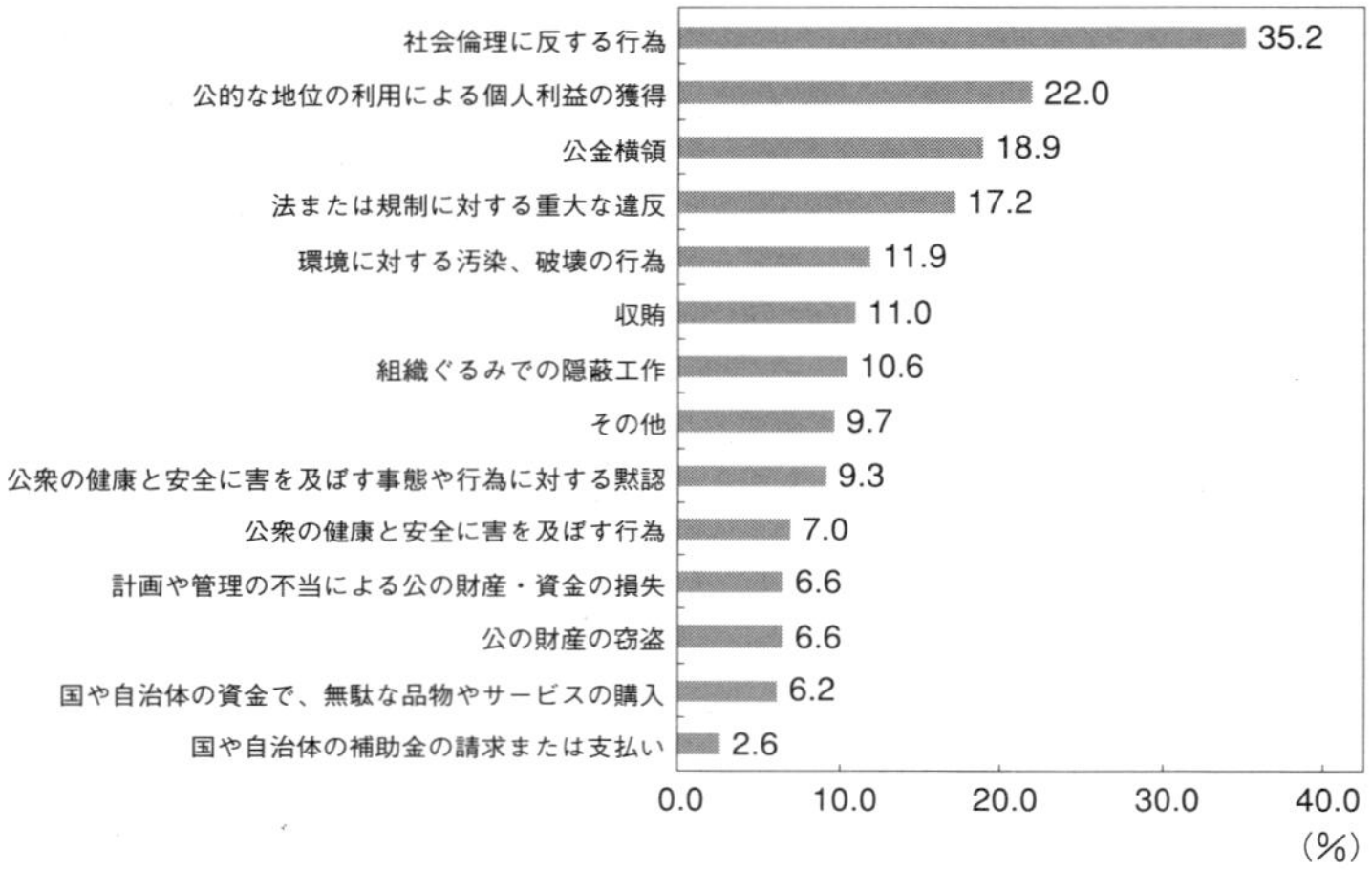

図5-7　過去5年間に経験した組織内の不正の種類

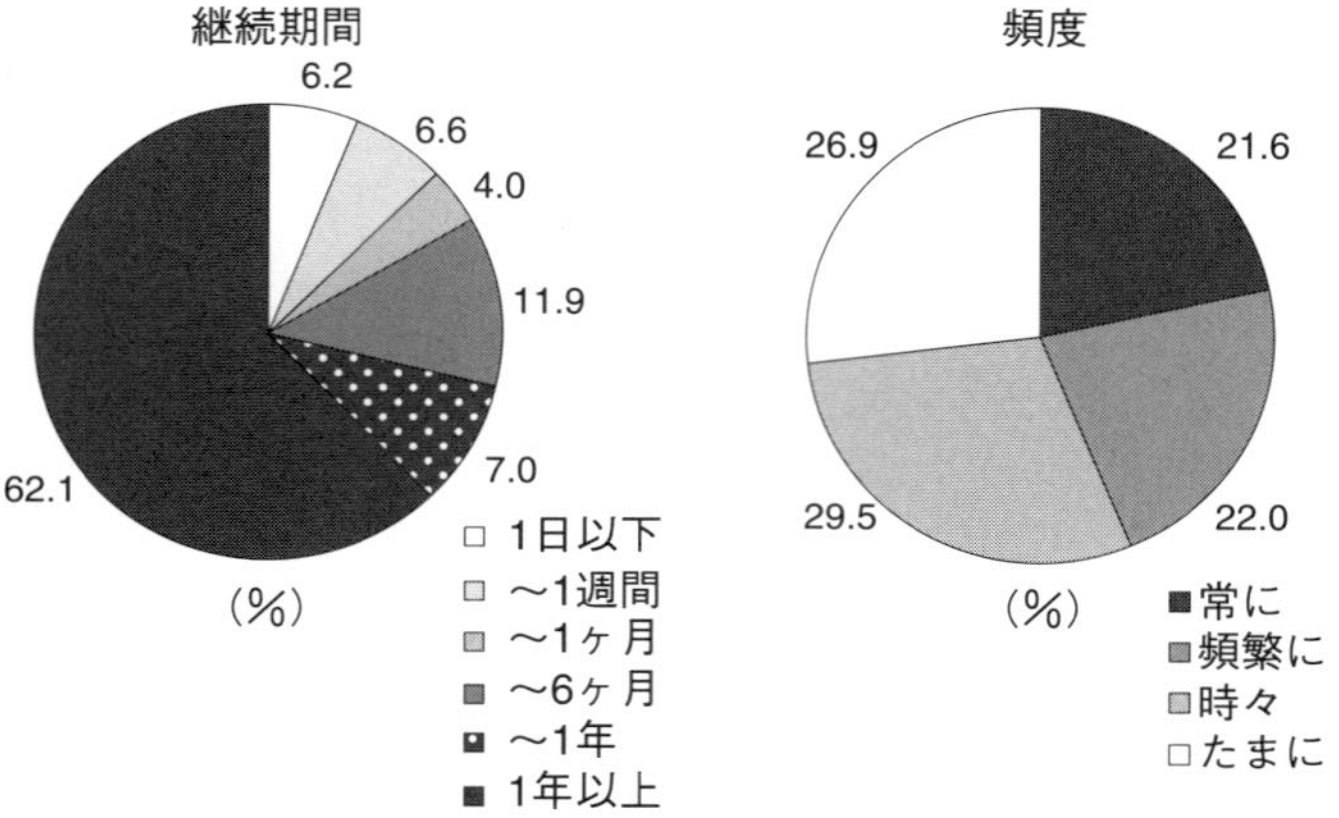

図5-8　過去5年間に経験した組織内の不正の継続期間(左)と頻度(右)

表5-9　不正に関する認識

	平均	標準偏差
不正行為の深刻さ(4点中)	2.88	(1.00)
不正を知っていた人数	30.88	(108.47)
不正指摘に対する仕事上の責任(4点中)	2.98	(1.12)

いずれも分布が正規分布より歪度が大きいので標準偏差が大きくなっている

て「公的な地位の利用による個人利益の獲得」「公金横領」「法または規制に対する重大な違反」である。頻度は、「たまに」から「常に」までほぼ同程度である。継続期間は、1年以上がもっとも多く、60%を超える。

「不正行為の深刻さ」は、4点中、平均では2・88で「やや深刻」という認識であった。不正を知っていた人数は、最大で999名、平均で30・88名である。かなり多くの人が不正について知っていたことになる。「不正指摘に対する仕事上の責任」は、4点中、平均で2・98で、「やや責任がある」と見ていた。

内部申告経験

過去5年間に、組織内での不正を見たり知ったりした227名のうち、「いずれかに通報した」人が、67名（29・5%、回答者全体の6・2%）いる。しかし、「どこにも通報しなかった」人が、通報者の倍以上の145名（63・9%、回答者全体の13・5%）である。残り10名は、「その他」という回答か、回答がなかったため除外し、67名を実際に申告した人（申告者）、145名を申告しなかった人（非申告者）として、分析を進めた。

申告者のうち、男性が79・1%、中学卒、高校卒、短大・高専・専門学校卒、大学卒、大学院卒の順に、4・5%、22・7%、30・3%、39・4%、3・0%である。非申告者は、男性が70・3%、学歴は順に2・1%、31・0%、22・

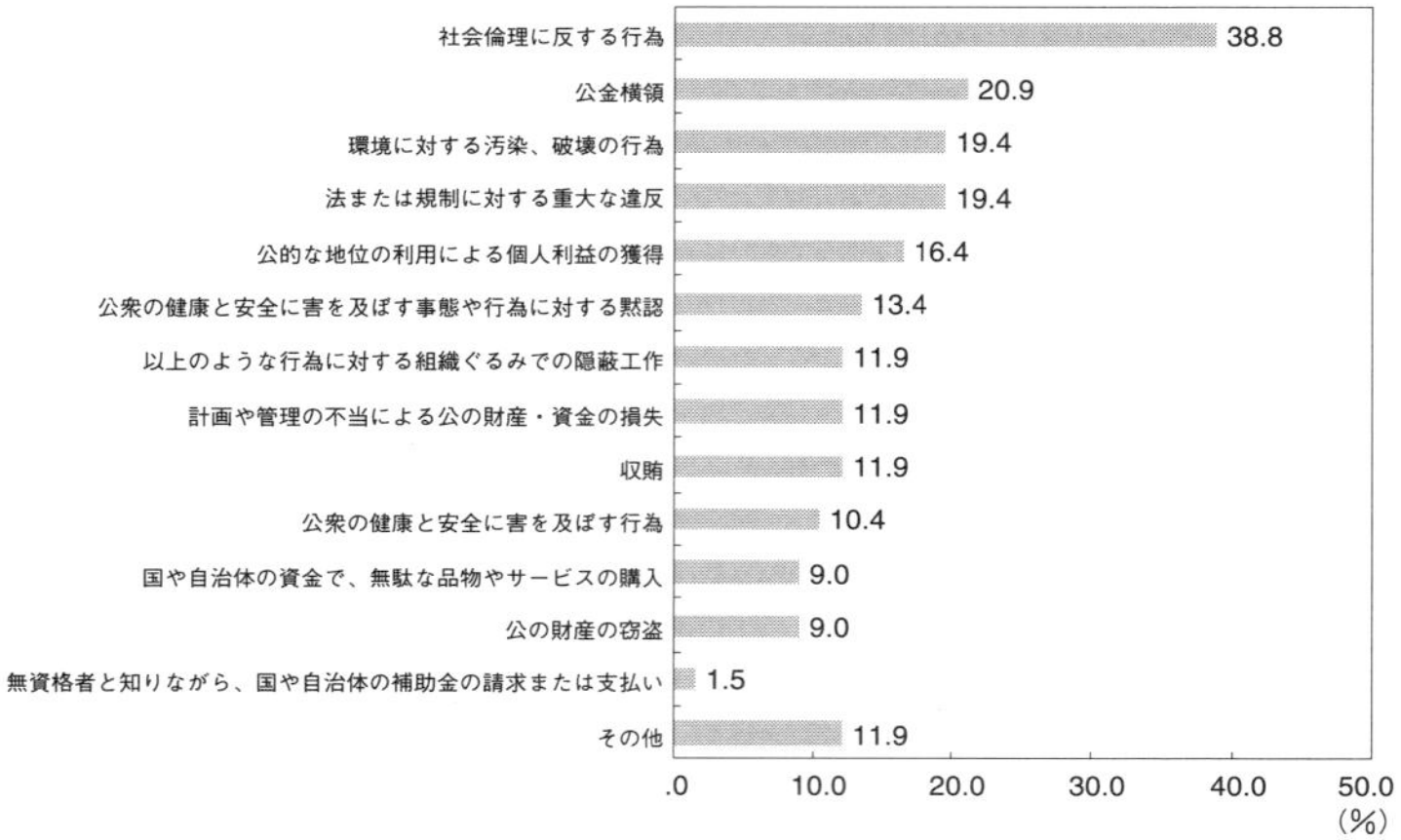

図5-9　申告者の経験した不正の種類

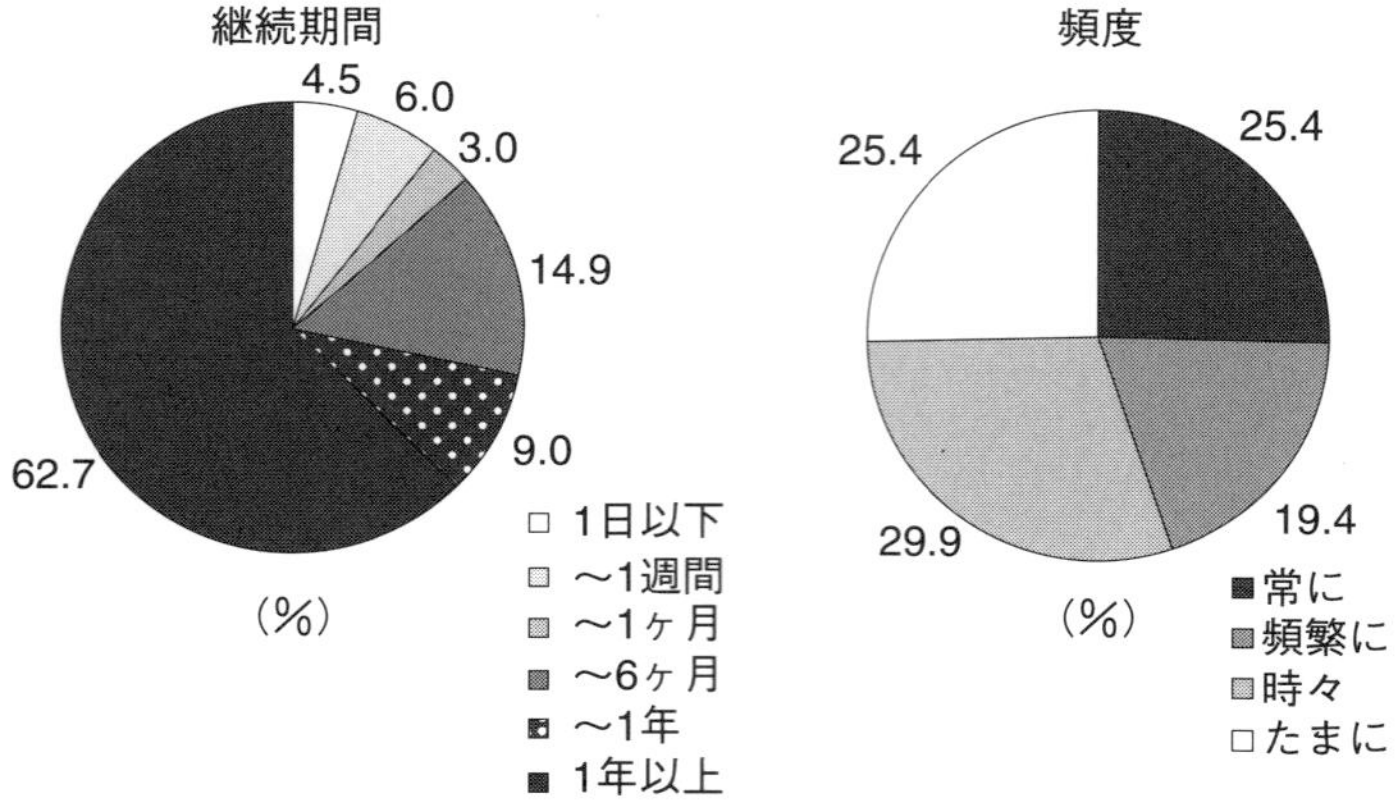

図5-10　申告者が経験した不正の継続期間（左）と頻度（右）

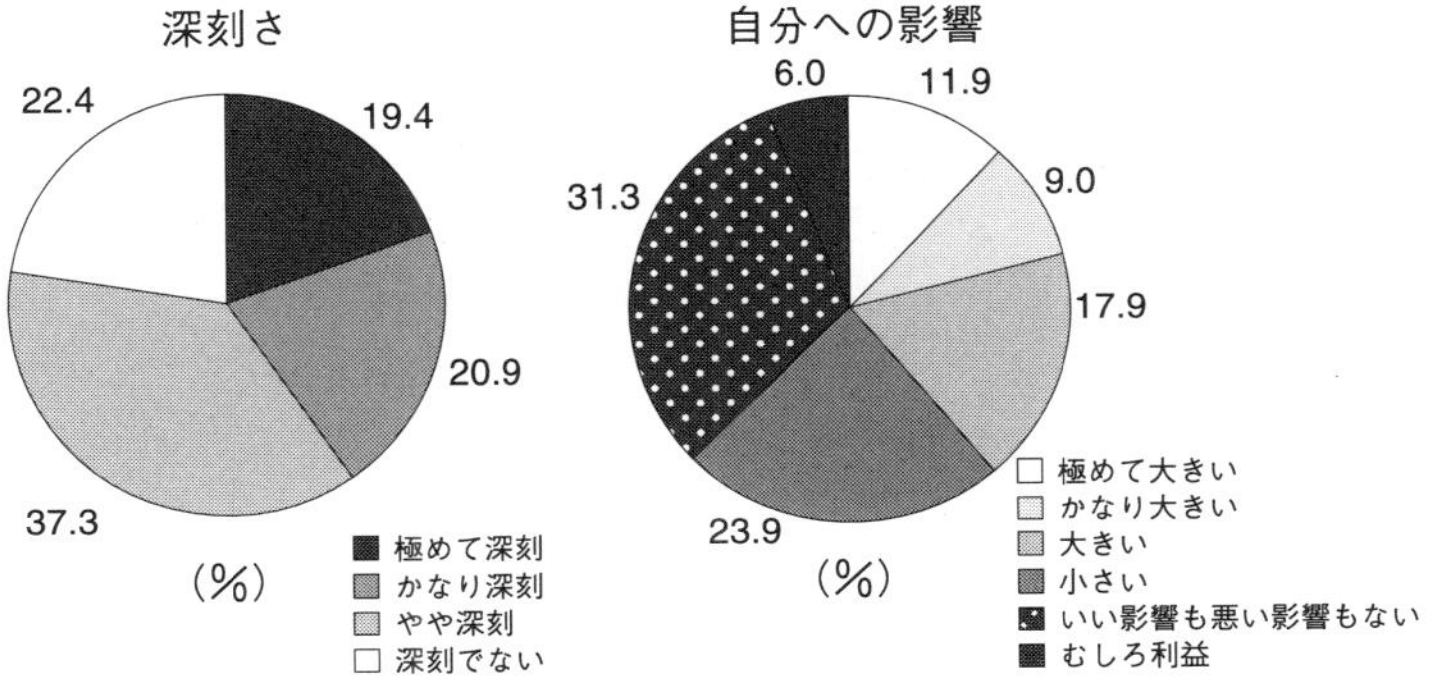

図5-11　申告者が経験した不正の深刻さ（左）と自分への影響（右）

1%、41・4%、3・4%である。性別、学歴の分布に統計的な差はない。

申告者の経験した不正の種類を図5-9に示した。

不正の種類は、非申告者をあわせた場合と同様に「社会倫理に反する行為」がもっとも多い。次に、「公金横領」、「環境に対する汚染、破壊の行為」「法または規制に対する重大な違反」「公的な地位の利用による個人利益の獲得」と続く。

継続期間は、「1年以上」が最も多い。不正の頻度は、「たまに」から「常に」まで、ほぼ同程度の分布である（図5－10）。

不正の深刻さは、「やや深刻」がもっとも多い。これに、「かなり深刻」「極めて深刻」をあわせると、4割になる。「不正行為の深刻さ」は、4点中、平均では2・37、標準偏差は1・04で、で、「やや深刻」という認識である。

自分への影響は、「いい影響も悪い影響もない」という人がもっとも多いが、「大きい」「かなり大きい」「極めて大きい」という人たちをあわせると4割である（図5－11）。

「不正指摘に対する仕事上の責任」は、4点中、平均で2・

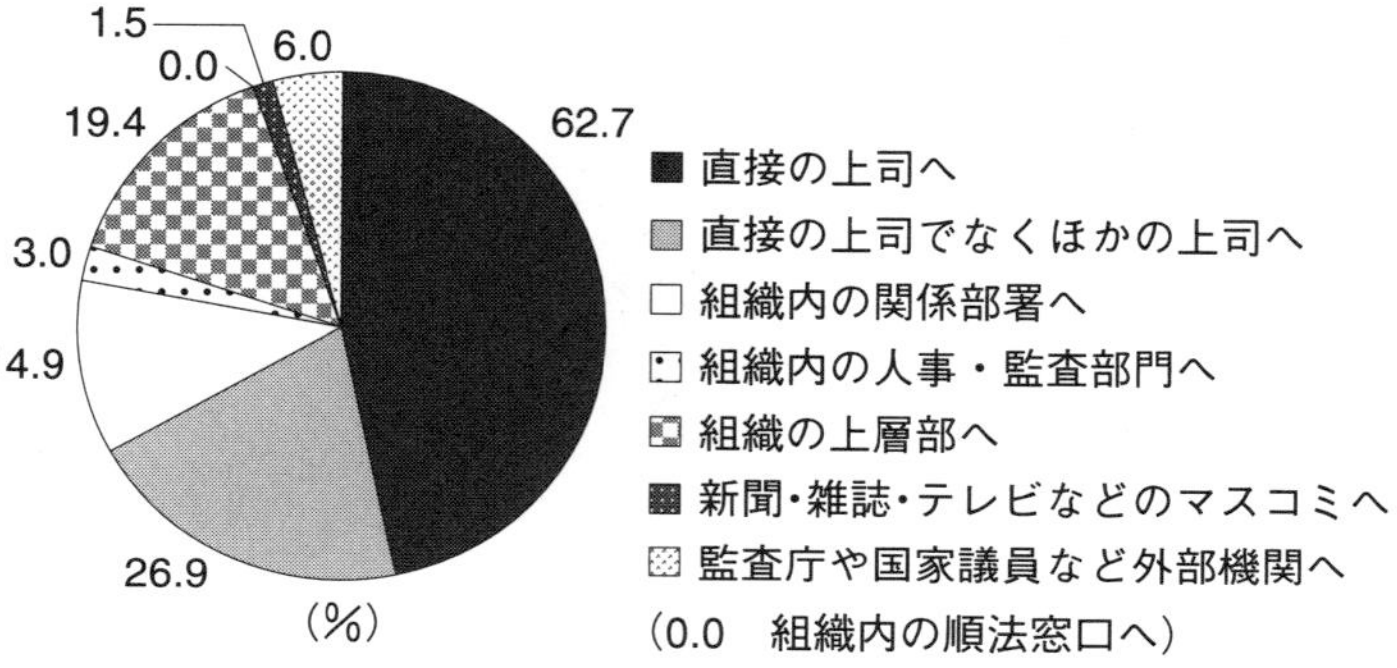

図5-12　**申告先**（通報者67人中の度数から％を計算。複数回答を含む）

58、標準偏差は1・12で、「やや責任がある」よりも、むしろ「責任がある」という認識に近い。

実際にどこに申告したか、については、申告者の97％にのぼる63名の通報先が組織内である（図5－12）。通報先のうち多いのは、直接の上司、ほかの上司、組織上層部、組織の関係部署で、ほとんどが、直接あるいは間接的な上司への通報である。

また、申告先はあったか、の問いに対しては、8割以上が、申告の窓口が「ない」と答えている（図5－13）。さらに、組織内に窓口があったと答えている7名（10・4％）も、窓口を利用していない。人事・監査部門への通報もほとんどない。一方、2ヶ所以上への通報者が18名（申告者全体の27％）いる。

内閣府国民生活局が2002年に実施した、「公益通報者保護制度に関する企業へのアンケート調査」で、一部上場企業1550社（回答776社）を対象にした調査では、法令遵守のために、倫理規範、行動規範等の社内規程をすでに「作成している」と回答した企業が、４４７社（全回答中61％）、その中で、社内における法令違反等の未然防止と早期発見のために、従業員などが相談・通報することができる旨の規定をすでに「設けている」と回答した企業は、２８９社（全回答企業中37％）、さらに、従業員などが相談・通報することができる旨の規定を「設ける予定である」と回答した企業は、全回答企業の4割に近い。それに比べれば、申告窓口がなかったと答えた8割という数字は大きい。この相違が、今回の対象者の勤め先と先の調査対象の企業が異なっていたことによる可能性もある。一方で、窓口があっても、周知されていなかった可能性もある。さらに、窓口や人事・監査部門が申告対象として利用されなかったことは、実際に窓口があったとしても機能していなかった可能性がある。

申告による効果予測は、「完全一掃」「一部改善」「改善方向」を合わせて、7割以上が何らかの改善の方向に動くと予測していたが、結果は、改善の方向が6割であった。「改善兆しなし」が予想よりやや多かったようである（図5－14）。

申告に際して、上司・組織や家族からの支持が得られると予測したか、という問いについては、家族の支持は、得られるとの予測が6割以上である。一方、上司・組織の支持はいずれも半々である（図5－15）。

一方、申告による報復は、7割近くが「なし」と答えている（図5－16）。報復の種類でも、約半数が、「何もなかった」と答えている（図5－17）。

一方で、報復を経験した人たちの、その内容を見ると、「評価が下がった」「同僚からの圧力」が多い。すなわち、報復には、経済的な圧力などのフォーマルな報復と、仲間外れなどの集団内の人間関

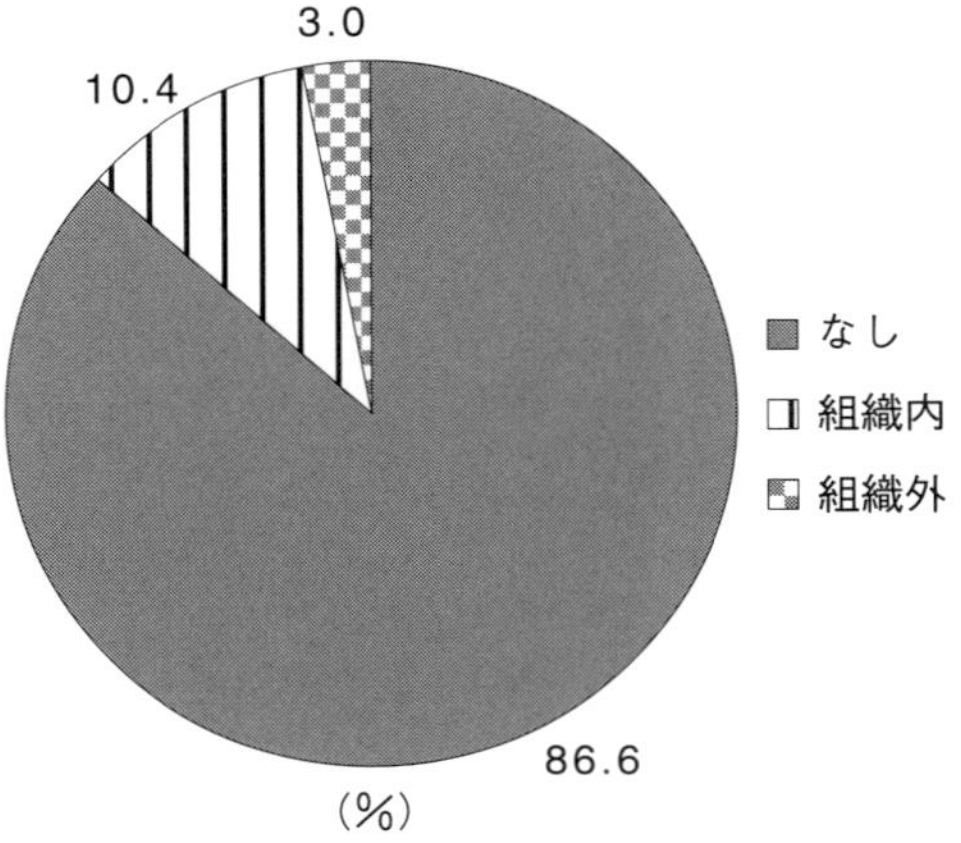

図5-13　申告窓口の有無

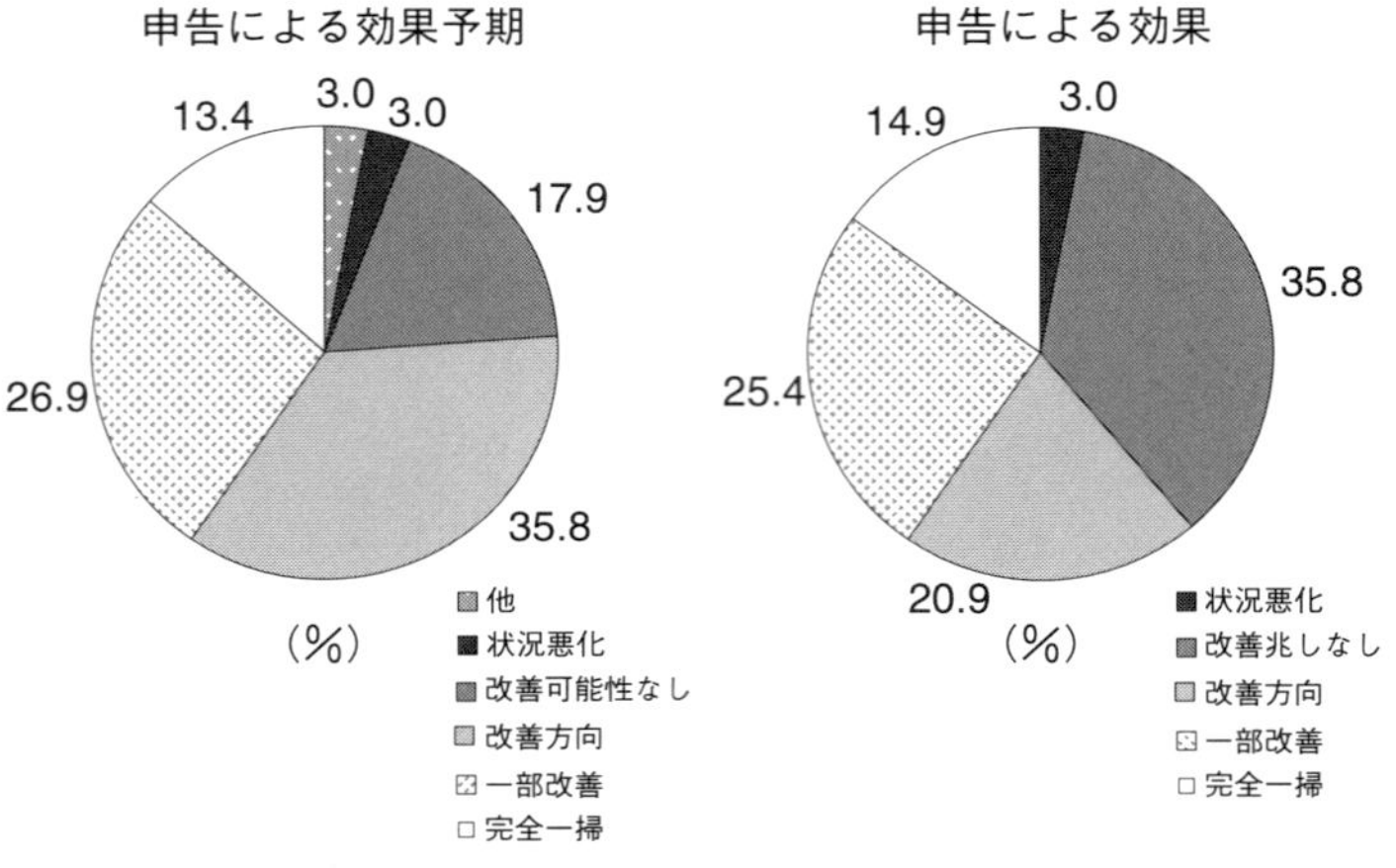

図5-14　申告前の効果予測（左）と実際の結果（右）

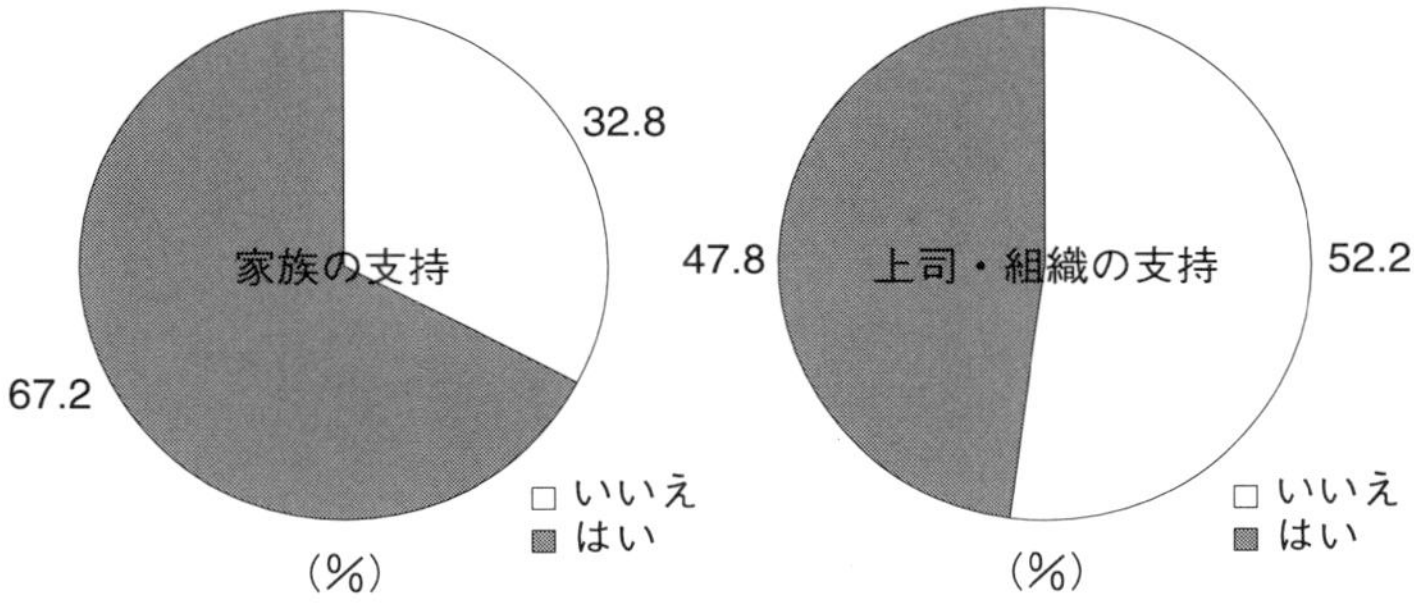

図5-15　申告のときに支持を得られると思ったか

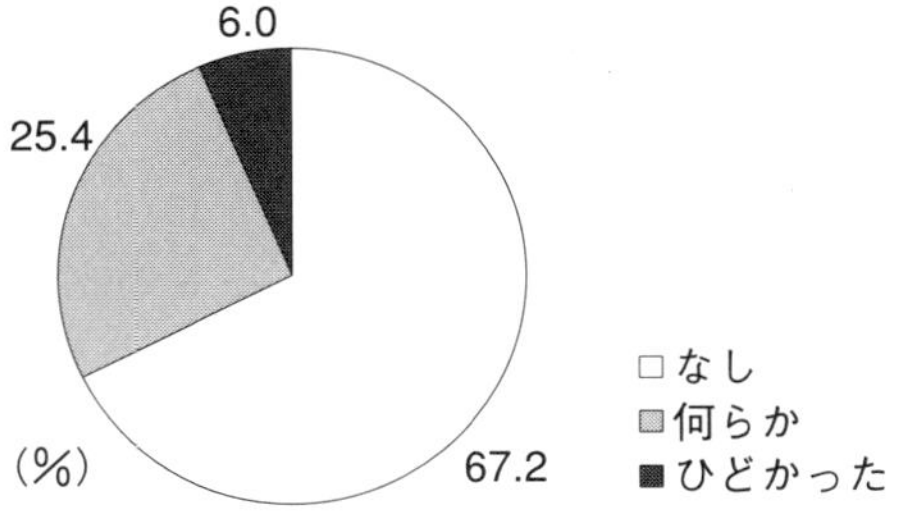

図5-16　申告後に報復はあったか

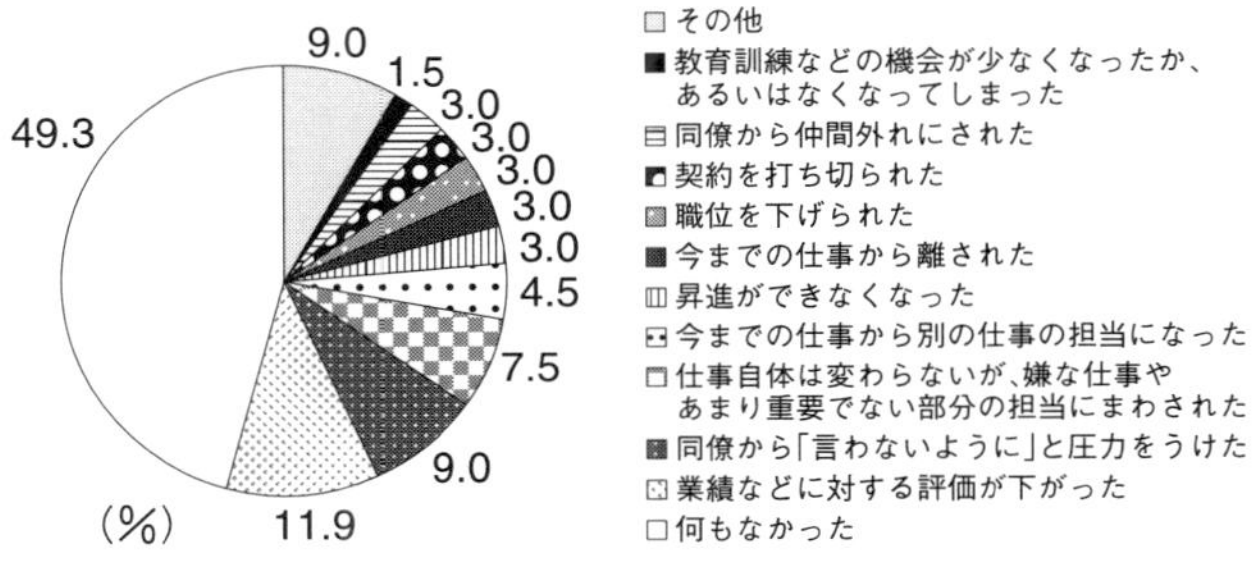

図5-17　申告後の報復の種類

表 5-10　変数間の相関関係

	1	2	3	4	5	6	7	8	9	10	11	12
1 不正に対してとった行動*1												
2 性別*2	-.09											
3 学歴*3	-.06	-.09										
4 窓口の有無*4	-.08	-.01	.09									
5 組織·上司*5	-.37***	.07	-.08	.14*								
6 家族からの支持予測*6	-.23***	.06	.02	.08	.39***							
7 不正の頻度*7	-.04	-.08	.02†	.03	-.21**	-.17*						
8 不正の継続時間*8	.01	.06	.13	-.06	.09	-.08	-.45***					
9 不正を知っていた人数	.09	.09	.06	.08	.00	-.07	-.12†	-.07				
10 不正の深刻さ*9	-.19**	-.07	-.01	.00	.00	-.02	.34***	-.17*	.17*			
11 自分への影響*10	-.14†	-.15*	-.06	.05	-.04	.08	.30***	-.13†	.05	.44***		
12 不正指摘における仕事の責任の有無*11	-.34***	.09	-.16*	-.03	.06	.15*	.10	-.04	-.13†	.27***	.34***	
13 申告した場合の報復の予測*12	.21**	.00	.06	-.11	-.40***	-.16*	.18**	-.02	.00	.02	.16*	.04

N 182-212.
***p<.001. **p<.01. *p<.05. †p<.10.
*1 不正を見て申告した=1　不正を見て申告しなかった=2
*2 女性=1　男性=2
*3 中卒·高卒=1　専門学校·短大·大学·大学院=2
*4 窓口なし=1　組織内あるいは組織外に窓口あり=2
*5 組織·上司からの支持なし=1　あり=2
*6 家族からの支持なし=1　あり=2
*7「1.たまに行われていた」〜「4.常に行われていた」
*8 1日以下=1　1日〜1週間以下=2　1週間以上〜1ヶ月=3　1ヶ月以上〜6ヶ月=4　6ヶ月以上〜1年=5　1年以上=6
*9「1.深刻でなかった」〜「4.極めて深刻」
*10「1.いい影響も悪い影響もなかった」「2.小さかった」「3.大きかった」「4.かなり大きかった」「5.極めて大きかった」を連続変数として投入
*11「1.責任はない」〜「4.非常に責任がある」
*12「1.ないだろう」〜「3.ひどいものがあるだろう」

表5-11　ロジスティック回帰分析結果

	β	Wald χ^2	df	p
性別	-.53	1.53	1.00	.22
学歴	-.46	1.16	1.00	.28
窓口の有無(窓口なし)	-.16	.06	1.00	.81
組織・上司からの支持予測(支持なし)	-1.59	10.51	1.00	.00***
家族からの支持予測(支持なし)	-.21	.25	1.00	.61
不正の頻度	.07	.11	1.00	.74
不正の継続期間	-.03	.06	1.00	.81
不正を知っていた人数	.00	1.04	1.00	.31
不正の深刻さ	.26	1.44	1.00	.23
自分への影響	-.02	.01	1.00	.91
不正指摘における仕事上の責任	.69	13.70	1.00	.00***
申告した場合の報復の予測	-.25	.67	1.00	.41

Pearson $\chi^2=170.62, df=166, p=.39$
$-2 \log L=177.18,\ \chi^2=49.76, df=12, p<.001$

係によるインフォーマルな報復の、二種類があるようである（大内ほか 2004）。また、報復をひとつ選択した人が14名であったのに対して、複数選択が11名である（2種類9名、3種類1名、4種類1名）。67名の申告者のうち13名は、「前の職場での不正目撃だ」と回答しているため、申告後に職場が変わっている。ただし、申告しなかった人の転職率も同程度である。

結果の中でもっとも特徴的なのは、通報先がほとんど組織内だったということだろう。組織内で不正に対する対処ができた、あるいは、従業員がその期待を持っていたために、組織内に通報できたのかもしれない。申告後の報復の回答が、ほとんど「なかった」ことをあわせて考えれば、多くの組織は不正の申告をきちんと受けとめた、と見ることもできる。

しかし、複数に申告している人がいること、申告後に改善が見られなかった結果から、実際は、それほど楽観的状況であったとはいえないであろう。

過去の申告につながった要因の検討

次に、実際に申告した人と、しなかった人にはどのような相違があったのかについて、さらに分析を行った。分析には、ロジスティック回帰分析を用いた。

過去の状況を回想的に尋ねているため、認識には歪みが生じ、データの正確さに欠け、信頼性は低いという欠点がある。しかしながら、実際の内部申告経験についての貴重な回答である。また、分析の目的は、因果関係の検討ではなく、内部申告の背景要因を探索的に捉えようとすることにある。これらの理由に基づき、あえて分析を行った。

独立変数は、「性別」「学歴」「窓口の有無」「組織・上司からの支持予測」「家族からの支持予測」「不正の頻度」「不正の継続期間」「不正を知っていた人数（自分を含めて）」「不正の深刻さ」「自分への影響」「不正指摘における仕事上の責任」「申告した場合の報復の予測」である。従属変数は、「不正に対してとった行動」（申告したか、申告しなかったかの二者択一）である。変数間の相関係数を表5－10に示した。

モデルの適合度（ピアソンのχ^2値）は統計的に妥当である（表5－11）。モデルの有意性指標の有効性も、統計的には有意である。結果から、申告行動に有意に影響を及ぼした要因は、「組織・上司からの支持予測」と、「不正指摘における仕事上の責任」であった。すなわち、「不正指摘が職務の一部であったこと」、そして、「自分が申告したら、上司・組織は支持するだろう予測できたこと」が、申告行動につながったと解釈できる。

逆にいえば、申告しなかった人たちは、不正の指摘が職務に含まれず、上司や組織の支持を得られないだろうと予測したから、不正を見ても申告しなかったということである。先の不正の実態のデータとあわせて考えれば、ある程度深刻な問題でも、組織内のサポートを確認し、「言うべき人」が言えば、不正に関する申告はそれなりに受け止められる可能性がある、ということであろう。ただし、指摘の任にない者が声をあげ、異議を唱えても、それがどう扱われるかはわからない。むしろ成功する確率は低い、ということであろう。

◆調査結果の考察とまとめ

調査の分析から得られた主な結果は、以上の諸点にまとめられる。

（1）内部申告と内部申告者に対する態度の相違

内部申告は一般的に肯定的に捉えられているが、内部申告者に対する態度は否定的である。また、内部申告に対する態度は、不正目撃経験や、年代、性別、勤務形態、職務によって異なる。

内部申告と申告の理由に対しては、どちらかといえば肯定的にみているが、内部申告者に対しては否定的な認識だという結果は、さらに確認する必要があるだろう。内部申告自体に対して、そして、内部申告者に対する態度がステレオタイプ的であるかどうかは、ステレオタイプの研究知見を踏まえて、調査以外の方法でも検討する必要があろう。

内部申告に対して肯定的であり、内部申告者に対して否定的という態度は、頭で考えれば矛盾しているように見える。論理ではなく、感情的な側面からも調べる必要があるだろう。

内部申告者に対する否定的認識を弱くする方法としては、実際の内部申告者がなぜ申告に踏み切ったか、他の選択肢がなかったか、申告をしてどのような苦労をしたか、そして、「自分が同じ立場だったらどうだろうか」という点について、個々人が考えていく機会を提供することが有効だろう。そのための情報や、教育も必要だろう。組織の中での取り組みであれば、ロールプレイングなども有効であろう。組織の中に限らず、より広く教育の中で内部申告について取り上げることも重要である。映画や本によるメッセージもそのひとつになるだろう。内部申告に限らず、「少数派の発言」がいかに重要であるかを伝えていくことも、間接的には有効だと考えられる。

内部申告および内部申告者に対して、極端な是非を植え付けるような教育を避け、議論を深めていく方法がよいだろう。

（2）不正の実態

組織内の不正を目撃、経験した人は、全体の約20％であった。不正の種類は、社会倫理に反する行為が3割強と最も多い。不正の継続期間は、1年以上と常態化している傾向がある。目撃・経験したのは「やや深刻」な不正であった。

アメリカで、民間と公務員をあわせると、不正を見聞きした人が全体の30％程度である（Rothschild & Miethe 1999）。それに比べれば、少ないとみることもできるだろう。しかし、全体の2割が何らかの不正を目撃、経験したというのは、組織内の不正が稀な出来事ではないということである。そして、不正は、見過ごせるほどの軽微なものではなく、長期にわたっており、それを知っている人数も多いという蔓延化したものである。これからのリスク・マネジメントは、「うちの会社にはない」と不正を特別視するのではなく、いつでもどこでも起こるという前提で、常に対策を準備しておく必要があろう。

（3）内部申告の実態

不正を目撃あるいは経験した人のうち、内部申告した人は、29・5％、通報しなかった人が63・9％である。また、申告先は直接の上司がもっとも多く、組織内部への申告が9割以上である。

先のアメリカのデータでは、不正目撃者のうち、黙認が50％、何らかの申告を行った人のうち、25％は外部への申告であった。しかし、民間のみのデータからは、申告先は87％が内部であった(Rothschild & Miethe 1999)。

今回の結果は、不正を目撃しても、申告がやや少ない点で異なるが、申告先が組織内という点において一致している。集団のメンバーは、集団に対するコミットメントや忠誠心をもつために、組織外への通報には抵抗感を感じる可能性がある。

一方で気になるのが、今回のデータの、相談窓口は「なかった」という回答が8割にのぼったことと、組織内の順法窓口への申告が0％だったことである。

内閣府国民生活局の企業に対する調査からは、窓口を設けている、あるいは、設けたいと答えている一部上場企業は、全体の6割以上であった。一方、消費者に対するデータで、「不正をみたら申告したいか」という問いに対して、「その場にならなければわからない」という回答が4割にのぼることも前述した。

これらの結果を合わせて考えると、組織内に窓口があったとしても、その情報や、具体的な利用方法、申告の流れが周知されていないということが推測される。あるいは、社内の窓口は名ばかりで、信頼に欠けるということかもしれない。

組織は、従業員が、組織内の問題を見つけ、それを組織内で解決しようとする態度と行動を真摯に受け止め、自組織の問題解決の有効手段として活用するためのシステムを整備する必要がある。形だけの窓口を作るだけではなく、窓口の存在を知らしめる、窓口に相談するときの方法を教育する、窓口の信頼性を高めるなど、ソフト面の充実が重要である（Keenan 1990; 1995）。また、申告者に対する組織的サポートやコンプライアンス環境の具体的整備も必要である。

申告について、あるいは、申告方法についての知識や情報量は、職位によって異なるという研究結果がある（Keenan 2002）。これは、管理職を、トップ、ミドル、ボトムと分けて検討したもので、トップにいけばいくほど、情報量が多くなる。一方で、管理職のボトムは、知識が少ない。また、ボトムは、トップよりも、申告したら組織から厳しい報復を受けるという認識が強い。実際に不正が起きている現場から、まず申告を受けるのは直接のボトムにいる上司である可能性が高いことを考えれば、ボトムにいる管理職への教育、トレーニングを特に重視すべきであろう。

また、これらの環境を整える上で最も重要なのは、問題を放っておいたり、棚上げにしない、不正の事実を追及する前に誰が申告したのかという犯人探しに躍起になったり（岡本・鎌田 2006）、申告者に対する厳しい報復をするような組織風土ができていないかどうか、常に確認しておくことであろう。

申告の効果については、申告前と後で状況の変化を尋ねた結果、期待ほどの改善効果は見られなかったという結果である。申告による報復は、約7割が「なかった」と答えている。ただし、報復があった場合には、職位や評価が下がる、同僚からの圧力、が挙げられている。

なぜ申告の改善効果がなかったのかについて、今回の質問紙の内容ではさらに検討することができなかった。この点は、今後のさらなる検討がのぞまれる。

（4）申告した人としなかった人を分けた要因

申告行動と関連が推測される要因は、「上司や組織からの支持が予測できる」「不正指摘における職務上の責任がある」の二つであった。上司や組織からの支持が予測できず、かつ、申告が職務に含まれない場合、申告が困難になる可能性がある。

他の研究でも、上司の支持は、外部への申告に影響するという結果がある（Sims & Keenan 1998）。また、会計管理職が対象ではあるが、申告の成功には、上司のサポートと監査責任、いざという場合に他の仕事の選択肢があることが影響するという結果もある（Casal & Zalkind 1995）。今回の結果も、これらの研究と類似している。

ただし、申告後の現在から当時を振り返る、回顧的な認識であるために、データとしての客観性には問題が残った。過去の経験から現在に至るまでに、認識が変容した可能性もある。

内部申告の経験について調べる場合、研究方法には困難が伴う。まず、申告経験者をどうやって探すかである。対象者は少ない。さらに、回顧的方法を避けるならば、現在内部申告しようとしている人を探す必要がある。しかし、それは非現実的であろう。

そのため、サンプリングを行う調査研究の場合、「次のような不正を見聞きしたらどうしますか」というシミュレーションで尋ねることになる。実験研究も行われてはいるが、現実的な場面設定に問題がある。特に、内部申告の場合、現実の厳しさがいかに取り入れられるかという問題がある。一方、実際の経験をくわしく尋ねるケーススタディの方法もある。ただし、個々のケースごとに多様な要因があり、普遍化や一般化は難しい（Rothchild & Miethe 1999）。

調査であれば、継続してデータをとり、複数時点のデータを比較する方法も有効であろう。また、質問方法について、慎重に工夫することも、有効である。たとえば、不正の目撃や、申告経験、申告可能性についての質問に関して、「今、実際に不正を見聞きしていますか」「（経験していれば）それについて申告するつもりはありますか」「それはなぜですか」「（経験していなければ）もしこのような不正を見たとしたら、申告できますか」「それはなぜですか」「（過去不正を見たことがあれば）同じような場面に遭遇したら、どうしますか」というように、現時点から未来の認識を尋ねる方法もある。

あるいは、ケーススタディを発展させ、実際に不正を経験した人、申告した人に構造化されたインタビューを行い、そこから関連要因を探り、モデルを確立する方法も必要だろう。このような方法論的な問題をいかに解決するかが今後の課題である。

視点を変えることも重要である。今回の調査の視点は、「なぜ内部申告したのか」を探るアプローチであった。しかし、「なぜ申告できなかったか」をより深く探ることも重要であったと考える。内部申告できない理由を探ることで、実際の申告に伴う問題点を理解し、問題解決のための具体策につながる知見を得ることが可能だからである。

さらに、不正を経験した当時の職位や勤務形態、申告が実名か匿名か、それとも両方か、などについては、記入もれが多かったこと、質問紙のデザインにおける不都合から、データとして検討することができなかった。このような細かい点については、何らかの工夫が必要であったと考えている。

◆研究の今後の展望

今回の調査および分析では検討できなかったが、今後、検討する必要がある点についてまとめる。

(1) 不正との距離、申告先の選択、申告しなかった理由

第一に、内部申告を検討するときには、不正との距離を検討する必要がある。自分の部署で行われた不正、直接の上司が関与した不正、不正に関与した人数、自分は関与したか、不正に関与した人が組織内でどのくらいのパワーがあるか、など、不正との距離を立体的に検討する必要がある。このような不正との距離は、申告のしやすさに大きな影響を及ぼす可能性がある。申告した人・しなかった人は、不正とどの程度の距離にあったか、そして、主観的にどの程度の距離を感じたかを含めて調べる必要がある。

第二に、申告先の選択をどのように行ったかも検討する必要があるだろう。組織や上司からの支持の期待が高かったのはなぜか。それとも単に上司との人間関係がよかったのだろうか。組織風土はどうだったか。組織生活の中の要因をさらに検討すれば、どのような組織が申告しやすい組織なのかという具体策を導ける可能性がある。

最後に、なぜ申告できなかったか、その理由の検討である。申告しなかった人は、どこであきらめたのかについて尋ねる必要があるだろう。

（2）個人的違反と組織的違反の峻別

私どもの、組織風土の研究と職業的威信の研究では、個人的違反と組織的違反が相関せず、別々の要因として抽出されることがわかっている。そして、組織的違反は属人的組織風土のもとで多いが、個人的違反は規程不整備の影響を強く受けるなど、それぞれ異種の要素の影響を受けていることも明らかになっている。

ミセリらの研究では、この区別をことさら立てず、概念的にはすべての違反行動を組織的違反とみなして扱っている。しかしながら、今後の研究では、この区別を強く意識する研究計画にすることが考えられる。

たとえば、セクシャルハラスメントを、個人的違反行為と見るか、組織的違反行為と見るかは、そのセクシャルハラスメントを申告しようとするかどうか、どの申告ルートを優先的に採用するかなどの判断や動機に影響を与えることが予測される。

組織に対する行動や組織に対する罪悪感のあり方が、キリスト教社会と日本社会では異なる可能性がある。一神教の価値観のもとで、組織に対する罪も、社会に対する罪も、神に対する罪の特殊な下位概念と考えるなら、組織的違反、個人的違反に対する心理的反応差も小さなものであるかもしれない。それに対し、一神教でない日本人にとっては、組織規範と社会規範の葛藤は深刻な葛藤になりうる。そうすると、内部申告の結果、自身に利益が生じるかどうかが重要な鍵概念になるため、組織的違反についての申告と個人的違反についての申告は、心理学的に異なる意味をもちうるのである。この構造は、キリスト教社会の成員といえども、セルフ（自己）や自我を媒介して、じつは、欧米人の組織への反応にも潜在しているかもしれないので、今後、組織的違反と個人的違反の区別を研究に組み込んでいくことは、新しい知見を生む可能性が高い。

（3）関連する研究の知見を利用する

内部申告の研究は、まだ実証可能な系統だったモデルが不足している。そして、「内部申告」を特殊な事例として扱っているために、基本的な概念設定が不足している内部申告についての検討には、さまざまな隣接研究からの知見が活用できると考えられる。

たとえば、社会化のプロセスにおけるトレーニングに関する研究知見も関係があるだろう。会社では、どのようなコンプライアンス教育が行われているのだろうか。不正に対する抵抗感は、入社してすぐと、何年か働いた後では変わっていくだろうか。異議を唱えることの是非について、組織に入った後で認識が変化するだろうか。社会化には組織風土や組織の価値観が大きく影響する。時系列的な検討方法も必要であろう。

あるいは、組織内の信頼関係の形成や、評価の公正性の問題、発言行動を取り上げることで、公正性や信頼感の研究（Korsgaad Roberson & Rymph 1998）との接点を見出すこともできる。

また、最近、なぜ声をあげることが難しいか、声を上げるためにどうすればよいのか、という「組織のサイレンス」（organizational silence; Morrison & Milliken 2000: Milliken, Morrison, & Hewlin 2003）が注目されている。これらの研究なども、広く結果を比較検討することが有効だと考える。

（4）内部申告経験、内部申告意志以外のアウトプット変数

内部申告に関する研究は、内部申告の経験や、内部申告したいかという意志を問う研究が多い。しかし、他のアプローチや、さらには、他の結果変数をもっと取り上げるべきである。たとえば、ロスチャイルドとミーテ（Miethe & Rothschild 1994: Rothschild & Miethe 1999）のように、組織からの報復がどのようであったかという視点も有効である。内部申告のさまざまなステップにおいて起こりうる認知、態度、行動、そして、行動の結果など、検討する可能性がある要因は数多くあるだろう。

今回得られた内部申告に対する態度も、アウトプット変数として有効である。加えて、内部申告に対する、強い感情的な側面についてさらに検討するのも重要である。

内部申告の効果についても調べる必要がある。内部申告を経験した組織には、実際にどのようなメリットとデメリットがあったのだろうか。組織が申告をどのように扱ったか、外に対してどのように反応したかなどは、ケーススタディや、組織の従業員の認知から検討することもできる。

また、株価の変動など、経済的指標も用いることができる。たとえば、三菱自動車の株価を10年間追うと、一連の事件が起きる前の1999年には上昇傾向にあったのに、2000年のリコール隠し後に急落し、2004年の隠蔽発覚、幹部逮捕時点でさらに急落、1998年から1999年の400円前後から、4分の1以下に株価が下がった。他の内部申告があった組織のデータとこのような変動を比較するという方法もある。

このような効果測定には、心理学だけではなく、経済学・経営学との分野を超えた研究も必要であろう。

第6章　これから内部申告をどうとらえていくか

内部申告によって組織の不正行為が暴かれることで、社会の損失が防げることがある。たとえば、雪印食品や日本ハムの牛肉事件は、本来、補助金請求の対象でないものをそれと偽って、国費、つまり税金を騙しとった事件であるが、内部申告がこれを防いだ。アメリカのエンロンやワールド・コムの不正会計は、株主投資家と、社会経済に対して損害を与えた事件である。内部申告はこれらの企業の虚偽を暴き、内部申告者は、国会証言で事件の真相解明に貢献したといえるだろう。

一方で、雪印やエンロン、ワールド・コムのように、内部申告によって組織が解散すれば、社会全体に対する影響は大きい。組織的不正に関与していない従業員の解雇による失業者の増加、地域経済への影響などもその例であろう。違法行為を行い、それを放置、隠蔽する企業をそのまま存続させることは、社会にとっての不利益の放置である。しかし同時に、不正に関係のない従業員が仕事や働く場を失うのも、社会にとっての大きな損失である。

社会と組織は対立する関係にあるのではなく、組織も社会の重要な一員である。望ましいのは、社会にとって価値のある組織が利益を得て維持されること、それによって、社会も利益を受けることである。そのためには、組織が健全であることが必要である。そして、社会は、組織をサポートするとともに、厳しく監督し、批判する必要がある。

法律や監査の義務付けなど、組織外部の社会の目の働きは今後、さらに重要になるであろう。たとえば、米国では、SO法（サーベインズ=オックスレイ法）が制定されて、企業への監視が行われるようになった。これは、ビジネスの結果だけではなく、プロセスについても厳しくチェックする法律である。この法律のための現場の体制は、並大抵なものではないという声もきこえるが、法的規制は大きな影響力があるため有効かつ重要である。ただし、法律ももとは人の作るものである。法律以外にも社会がきちんと組織の価値を見極めていくシステムを提案し、実現化させていくことが重要であろう。

◆内部申告に至らないように

企業組織は、営利により成立し、利益を最大化するという使命がある。過度に利益を追求するあまりに、法律違反の不正行為を行う企業が近年よく見られるが、不正を行うのは営利企業だけではない。政府機関や非営利団体においても、自組織の利益のために、あるいは関連する組織の利益のために、法律や規定を破ることがある。

組織は目的をもち、その目的を果たすために、協同で働く個人によって構成される集合体であり、構造化された社会システムである（Greenberg & Baron 1999）。組織という社会集団は、他の組織と差異化された目的をもち、組織集団の成員に心理的な影響力をもつ（Haslam 2001）。組織のメンバーにとっては、組織がもっとも身近な所属集団である。そのため、会社員、従業員という集団のメンバーにとって、会社、組織が全環境に近い圧倒的な存在となる。組織のメンバーが、外の社会や他の集団のためにではなく、まず、自組織の目的を果たすことを優先するようになるのは自然なことである。組織の中に法律違反や不正を容認する規範があったとしたら、法律や規則でさえも集団外のルールとなって、それを逸脱する方向に進むことも大いにあるだろう。組織的不正は、組織にとって常在するリスクなのである。その前提のもとに対処方法を考えていく必要がある。

組織的不正は、個人の利益を追求する不正（たとえば、従業員が会社の会計をごまかして私的に着服するなど）と区別して扱われる。組織的不正は、その組織のメンバーが、自組織の目的を果たすという前提のもとで、自組織以外のリソースを不正に取得しようとすることである。たとえば、自社の車の欠陥を知りながら、それを組織ぐるみで隠蔽することは、組織の利益を守り、損失を防ぐための組織的不正である。ただし、このような組織を助ける不正も、結果は、組織のメンバーの地位の安定と、経済的な保障という利益につながっている。そのため、組織的不正に直接関与した人、そして、見知っていながら黙認・傍観した人にも責任はある。

企業組織の目的は利益の追求であり、社会的責任に利益を費やすことは本来の目的に反する、社会的責任の活動は、組織にとって利益がある場合に限定して行うべきであるという意見もある（Bakan 2004）。しかし、組織が常に利益を上げて行くために、常に他組織との差別化を行い、競争状況にあることは現実的ではなく、これからの組織は、利益追求という従来の目的とは異なる組織の存在価値を見出す必要があることも指摘されている（岩井 2005）。また、自分たち以外のことを気にせず利益に走るという組織は、社会から容認されるはずもない。そのようなイメージがあるだけでさえ致命的であることも指摘されている（Miethe 1999）。法的違反を起こすような組織の存在価値は、今もこれからも、明らかに低いであろう。

組織には、違反や不正に対する評価の基準をもち、それを確かめることができるシステムが必要である。真剣に取り組もうとしている組織であれば、「自分たちは、これを許さない」という基準をすでにもっているであろう。そして、その基準が社会のニーズにあっているのかを見極めると同時に、基準に一貫性をもたせ、公正に評定していく努力を怠らないであろう。組織内にも、いわば、組織の健康診断ができる役割、組織にいながら、自らを客観的に見る目をもつ、プロフェッショナルな役割が必要である。

ただし、基準の判断、すなわち、法律違反か、そうでないかは、判断が難しいことがある。これは、法律の解釈の問題でもある。田中（1998）は、法遵守と法律違反の間のグレーゾーンの存在を指摘する。企業の遵法に対する取り組みは、このグレーゾーンに対する考え方によって分かるという。アメリカの優良企業は、法律遵守、つまり法律の条文などで明解なところだけ遵守し、グレーゾーンに一切立ち入らない。グレーゾーンの判断は、法律専門家に仰ぐなど、各状況に応じて判断するという。これからの組織の実践には、法律専門家の支援も欠かせないであろう。

そして、法律の専門家に任せる以前に、組織の姿勢が、このグレーゾーンの大きさを決めることになるだろう。組織のトップは、不正に対して断固として反対する態度を表明する必要がある。トップの姿勢は、組織の風土や行動規範に対して、また、組織のシンボルとして、外からの認識にも大きく影響する。組織内で、万が一不正行為が行われた場合に対応する具体的な制度を準備しておくことと、不正に対する明確な処罰を行うことも重要である。社会に合致した倫理的基準を組織が持ち、それを明文化すること、従業員にはその情報をきちんと伝えておく。倫理に関する教育をきちんと行うことも重要である。

システム作りの中で特に重要なのは、情報収集をし、内部申告されなければ不正が改善されないというような状況に至らないようにすることである。たとえば、1年間に1度、必ず全社員に匿名で調査を行う企業もある。不正に関する情報が収集されると、虚偽の通報を真実の通報と見分ける取り組みが始まる。従業員には、対処が行われたことが報告される。不正による解雇者についても、従業員は知ることになる。このような情報収集の取り組みは、具体的方策として機能することと、組織の姿勢を示すことの両方に意味がある。不正を組織内で解決する取り組みには、問題の処理をあいまいにせず、グレーゾーンの拡大を防ぐ工夫が特に重要である。

問題を当事者間で話し合い、解決にもっていけるような、ものをいえる環境をいかに作るかも今後の組織の課題であろう。そのためには、組織における風土や規範を常に見直すことが必要になるだろう。上司が部下に無理な要求をして服従させていないか。従業員は、同僚や上司に自分の疑問や異議を率直に伝えることができるか。異議を唱える人を孤立させ、排除していないか。組織の中に、公正性、信頼はあるか。評価システムは客観的で誰にも納得のいくものであるか、健全に機能しているか。

仕事が体力や能力を超えていないか。一人の管理職に対してスタッフの数が多すぎはしないか。自分たちの組織がどのような雰囲気であるか。本来向かうべき方向から組織がずれていないか。このような点について、今一度、見直すことも重要である。

組織のトップも自らを見直す必要がある。トップが常に正しいわけではない。トップの給与が業績により変動し、利益主義に走りやすく、「なんとしても利益を上げろ」と無理な命令を出す組織も実際にある。このような無理を言うトップに対して疑問を呈することは特に難しいが、社員がきちんと判断能力をもち、マインドレスでないことが重要である。社員の判断能力に関しては、社員教育や訓練を通してどのような社員を育成しているのかという、組織の社会化全体を見直す必要もある。

たとえば、秘書検定のテキストには、「秘書とは、上司と異なり、直接の利益にかかわらない、間接的な補助的な仕事をする人」であり、「上司に意見することは許されず、身分をわきまえること」、「秘書に向かない資質は理屈をたてて、自分で納得するまで考える人」とある。発言の範囲を限定するメッセージは数多く見られるが、秘書の倫理観に関するメッセージはほとんどない。「納得しなくても言われたままに従い、ものをいわず、上司に責任をとってもらえると信じる人」があふれている組織でいいのかは疑問である。仕事や社会の倫理上の問題で、上司が間違うことが全くないとは限らない。そのような職務上の葛藤場面で自分の言いたいことを上手に相手に伝えるアサーティブな職業意識は最低限必要ではないだろうか。

エクセレント・カンパニーといわれる企業であっても、しばらくたつとその評価がガラッと変わってしまうこともある。１９８２年に最初に出版されて話題をよんだ『エクセレント・カンパニー』（ピータース＆ウォーターマン2003）という本がある。エクセレントといわれた43社のうち、２年後の１９８４年には、すでに14社の評価が低下していた（ケッツ・ド・ブリース1998）。特に、近年、組織の寿命が短期化している。そのような状況で、最初の小さな問題に対処せずに放っておくことの代償は大きいであろう。常に自組織を見直すこと、そのような目を組織がいかにもつかが今後の課題であろう。

◆内部申告のコストとベネフィット

組織全体をきちんと把握し、全体の流れや方向性をきちんと見極めることは意外に難しいことである。今日の組織は、仕事が複雑化、専門化し、さらに公の目から遠く離れているために、従業員は組織をコントロールすることができない。そのような組織に必要な一つの機能として、内部申告があるという考え方もある（Miethe 1999）。

実際に内部申告は、組織にどのような影響を与えるのだろうか。MiceliとNear（1992）は、不正に対して内部申告を行うこと、あるいは、行わないことによる結果のコストとベネフィットを分類している（表６－１）。

組織内部で不正などの通報が行われれば、組織の上層部が把握していない問題点が明らかになることがある。不正に対して適切な措置をとれば、不正行為が禁止・処罰され、再発が防止され、組織の健全化につながる。このような場合、組織内の内部申告は、従業員にとっても、経営者にとっても、組

表6-1　内部申告のコストとベネフィット

コストとベネフィットの対象		内部申告と何もしないことによる結果	
		コスト	ベネフィット
何もしない (inaction)	組織にとって	従業員のwithdrawal 長期的な組織の生存に対するリスク 不正の拡大	組織の機能の円滑化 無用の苦情を防ぐ
	社会にとって	市民権、基本的人権、安全の危機	無用の苦情を防ぐ（訴訟など）
内部申告	組織にとって	権威構造への挑戦、組織の生存可能性への脅威、コントロールの限界、組織メンバーの行動の予測が不可能	組織メンバーの安全と安寧の促進 倫理規定支持 無駄と不正管理の修正 道徳観の促進 善意の維持・ダメージクレームを防ぐ 法的規制を防ぐ
	社会にとって	裁判所の停滞	社会メンバーの安全と安寧の促進 税金節約とサービス促進 規制の現象 倫理規定の支持

Miceli & Near (1992) を翻訳。

織が健全に発展していくためにも建設的効果をもつと考えられる。

一方、通報内容が無視、あるいは軽視されて、問題の改善に積極的な対策がとられないことも多い。その結果、組織内の問題解決に至らず、不正行為が益々深刻化することもある。組織内部の通報で効果が得られないために、組織外部の監督官庁やマスコミへの申告が行われると、組織の受けるダメージはさらに大きい。まず、組織内部で不正行為が行われたこと、そして、そのような行為を組織あるいは組織のトップが自ら正そうとしなかったこと、あるいは、隠蔽工作が行われたような場合には、社会からの批判は厳しいものになろう。当然のことながら、組織トップは責任をとることになる。また、法的に罰せられる場合もある。また、組織に不正が蔓延化し、繰り返し不正が行われた場合、組織自体の破綻や解体もある。このように、内部申告が組織にとって致命的で、破壊的な影響力をもつこともある。

内部申告の建設的な効果を用いるためにはどうしたらよいのだろうか。まず必要なのは、組織が内部申告に対する偏見を捨てて、常にあるリスクの一つとして積極的に取り組むことであろう。行政からの指導や規則に対する反応ではなく、自分たちはどうするか、将来、この組織をどうしたいか、その基本的な態度を明確化させることであろう。システムや制度は自らの態度を示す行動である。自らの態度を示すシステム作り、その運用をしていくこと、そして、内部申告に対して自分たちがどう対応したいか、準備しておくことである。

◆内部申告に対する企業の考え

では、実際に企業組織は内部申告に対してどのような認識をもっているのだろうか。

内閣府国民生活局が２００２年９月から10月に行った「公益通報者保護制度に関する企業へのアンケート調査」調査からは、企業側がどのように見ているかがわかる。

この調査は、社内の法令違反等の情報を通報する者（公益通報者）が、それを理由とした不利益を被ることのないような仕組み（公益通報者保護制度）を検討するためのものである。そのため、企業のコンプライアンスへの取り組み状況や、公益通報者保護制度についての意識が調べられた。調査対象は国内一部上場企業1550社で、有効回答企業数は776社（回収率50・1％）であった。主な結果は以下のとおりである。

倫理規範、行動規範等の社内規定について

①法令遵守のために、倫理規範、行動規範等の社内規定をすでに「作成している」と回答した企業は、全回答企業の61％。このうち、従業員などが相談・通報できる規定をすでに「設けている」と回答した企業は61％（全回答企業中37％）である。

②従業員などが相談・通報できる規定をすでに「設けている」と回答した企業（289社）のうち、従業員等により通報がなされた場合に、その通報者が、通報したことを理由として不利益を被らないという保護規定を「設けている」と回答した企業は47％（全回答企業中17％）。

相談・通報に応じる体制（ヘルプ・ライン）の整備状況について

①従業員などからの相談・通報に応ずる体制を「整備している」と回答した企業は全回答企業の40％（313社）、そのうち、「企業倫理室などの専門部署に通報を受け付ける体制を整備」と回答した企業が56％、既存の「人事・総務等を担当する部署に通報を受け付ける体制を整備」と回答した企業が51％（複数選択）。

②ヘルプ・ラインを「整備している」と回答した企業に、受け付けた通報内容への具体的な対処方法に関して、「重要な事項については経営トップに報告するなど、内容に応じて適切な部署で対

応している」と回答した企業は75％であった。

法整備の必要性について

①社内における法令違反等の情報を通報する者が、通報したことを理由として不利益を被らないような法制度について、「必要だ」と回答した企業が全回答企業の40％、「場合によっては、必要だ」と回答した企業が全回答企業の52％、「必要ない」と回答した企業は全回答企業の８％であった。

②法整備が「必要」「場合によっては必要」と回答した企業（７１３社）において法整備が必要である理由として、「従業員等に安心して社内の窓口へ相談・通報してもらえるようになるから」、および「社内の問題が早期に発見・解決されるようになり、消費者との信頼関係の構築に役立つから」と回答した企業がいずれも72％であった。

③法整備が「必要」「場合によっては必要」と回答した企業（７１３社）に、どのような場合に、通報者を保護する仕組みが必要かを聞いたところ、以下の結果が得られた。

「人の健康又は安全が危険にさらされる場合」（82％）、「環境に悪影響を及ぼす場合」（68％）、「消費者の利益擁護を図る法令に違反する場合」（66％）、「広く法令全般に違反する場合」（60％）。

④法整備が「必要」「場合によっては必要」と回答した企業（７１３社）に法制度上の通報先について聞いたところ、「社内の担当部署等」と回答した企業が83％、「社外の中立的な第三者機関」と回答した企業が47％、「規制・監督官庁」と回答した企業は16％であった。

⑤法整備は「必要ない」と回答した企業（59社）に、その理由（複数選択）を聞いたところ、「社内で体制を整備するのが原則で、法的に通報者を保護する必要はないから」（64％）、「制度を悪用した誹謗・中傷が増えるおそれがあるから」（41％）、「内部通報を結果的に奨励することになり、会社内に猜疑心を生み出し、組織の運営上好ましくないから」（31％）であった。

また、自由記述では、「通報者の保護は、法律の裏付けがあってこそ、有効なものになる」という意見が寄せられた一方で、「内部申告の奨励につながるような制度にすべきではない」との意見もある。また、「悪意の通報者による制度の悪用や誹謗・中傷が増えることを懸念する」意見もあった。さらに、法制度上の通報先は、「社内への通報を前提とすべき」との意見が多く寄せられている。

この調査のサンプルは、日本の全企業のサンプルとはいえない。したがって、これが全組織の意識を反映しているとは言えない。ただ、多くの企業では、おおむね「内部申告」を容認し、特に社内の内部申告に関わる窓口の必要性や倫理規定や申告者を保護する規定の必要性を認識しているようである。しかし、実践はこれからというところであろうか。一方で、「問題は組織内で解決したい」という本音も見える。

◆内部申告に対する対応

では実際に、組織は内部申告に対してどのような対応をとればよいのだろうか。

内部申告制度、準備

まず、個々の構成員の責務範囲、組織における行動規範や不法行為について、明文化する。組織内の不正に関して、従業員が内部申告をできる制度を組織内にもつ。そして、その仕組みを従業員に説明して理解を促す。特に、匿名性を守ることと、それをきちんと伝えることが重要である。通報を行った社員に対しては、不利益が及ばないような配慮と具体的な対策も必要である。

組織が一般論として内部申告に賛成しても、具体的なケースになると無視・反対するということもある。組織内に、「内部申告が組織自体の利益にもなる」という風土を作り、組織内の不正に関する通報、特に組織内部への通報を奨励する。

組織的不正は、上司と部下、集団対個人といったパワー力学の中にある。それに対して声を上げることがいかに難しいかを考えたシステムが必要である。従業員が「これはいいのだろうか」という疑問をもっても、仲間や上司の行動に異議を唱えることは容易ではない。組織内の人間関係を壊すことに対する抵抗感は、申告を難しくさせる。また、申告したら、自分が差別や報復を受けるのではないかという危惧もある。そのため、確実で具体的に、匿名性を守る、保護のシステムが必要である。

たとえ匿名通報と言っても、通報先が組織内にあると、通報者が特定され、何らかの形で不利益を受ける可能性は残る。人事部に内部申告の窓口を置く場合も多いが、これにはプラスとマイナスがあるだろう。人事部が評価や人事異動に直結しているという認識は、従業員の抵抗感を増す要因になりうる。組織内のコンプライアンス・マネジャーなど、リスク担当者として独立させて機能させることが望ましいであろう。組織不正に関する通報は、組織の外部に窓口を置かないと機能しない、という考え方もある。外の窓口との連携もひとつの選択肢である。

内部申告制度の運用

内部申告制度を作り、運用をはじめれば、内部申告の件数が増えることが予想される。個人的な中傷も多いであろう。動機に私益が含まれることもある。意図的かつ悪質な虚偽の申告には、処罰を設けることも、一定の抑制力になる。ただし、通報が真実でない場合にも過度に厳しく処罰すれば、真実の通報が妨げられかねないだろう。意図的かつ虚偽の申告に対する処罰の規定は慎重に考える必要がある。

通報の信憑性を確かめる基準や、その取り組みは、時間も資源もかかり、困難な実践である。ケースを吟味し、一定の基準を作っていく必要がある。

不正に対する対応とフィードバック

不正に対して、どのような対応をとるかについても決めておく必要がある。責任をどこまで追及するのか。管理職が指示した不正の場合、管理職のみを処罰対象にするのか、それとも、関与した人をすべて罰するか。異議を唱えずに積極的に関わった場合と、異議を唱えたが最終的に不正に関わった場合、区別して扱うのか。それとも、同様に責任を負わせるのか。

不正を起こした人間への処罰も重要である。同時にその不正がいかに行われたか、仕事の中の隙間や、不正を起こしやすいプロセスであったのか、など、不正の行われた仕事の流れ全体を改変していく必要があるだろう。また、タイミングをみて事実関係を説明し、組織内部で不正行為に対する対策が迅速で効果的に行われていること、通報者に対する不利益な扱いや差別がないことなどを、きちんと社員にフィードバックしていくことも重要である。これは、組織の姿勢を示し、公正性、信頼を高めることにつながるからである。内部申告制度の制定、運用、そしてフィードバックに最も重要なのは公正性である。誰に対しても一貫したフェアなシステムにより、信頼を損なわない努力が重要である。また、柔軟に見直しができる双方向のコミュニケーションがあることが重要である。

その後の組織

内部申告は、不正行為に直接関わらない人たちにも影響を与える。深刻な不正行為の場合には、申告により組織の改組や、仕事への監視が厳格になり、解雇者もでるであろう。「誰が申告したのか」にこだわり、申告者探しを行えば、人間関係の悪化も予測される。内部申告者に対する否定的、感情的な反応も生じ、裏切り者として、ハラスメントや報復が起こることもあるだろう。不正行為、申告といった一連の出来事で、組織全体の意欲が低下し、業績の悪化も予測される。このような状況にいかに対処していくかは難しい課題である。組織は、組織全体に対して、不正の経緯申告が必要であったこと、それによって不正に対処することができたことを説明することになろう。そして、その後の組織のあり方について、不正が生じた原因の追究とともに、組織のシステム全般を見直していくことが重要であろう。

組織外への内部申告の対処

組織内部への申告があったにもかかわらず、対処しなかったために組織外への申告となった場合は組織の怠慢である。しかし、最初に組織外への内部申告が行われることもある。その対処についても準備しておく必要がある。まず、申告対象となった不正の事実を確かめる。そして、不正に対処し、そのプロセスと結果を組織内外に説明する。組織がどのような姿勢をもっているか、対処のプロセスはどうであったか、どのように説明したかは、その後の組織のあり方に大きな影響を与えるであろう。たとえば、トップが、「自分たちも被害者なのだ」という姿勢を出したことによって、組織全体のイメージが大きくダウンした例もある。にせの申告によって、組織全体が被害を受ける場合もあるだろう。そのような場合への対処も準備しておく必要がある。

しかし、これらの対策の有効性については、実際のデータはなく、推測の域を超えないものである。内部申告や内部申告制度が組織に及ぼす影響、そして個人に対する心理学的な影響について、実証的な研究でその効果を検証する必要がある。

◆通報者・申告者本人に対する効果

内部申告がおきれば組織も影響を受ける。しかし、内部申告で最も大きな影響を受けるのは、申告者本人であろう。

アメリカの場合には、不正行為に対する連邦政府への申告で回収できた金額の一部が、内部申告者に与えられる制度がある。社会の公益を守ったことで、社会的な支持・賞賛を受けることもある。アメリカのタイム誌の「パーソンズ・オブ・ザ・イヤー２００２」に選出されたエンロン、ワールド・コム、ＦＢＩの3人の女性申告者のように、社会的支持や賞賛を受けた人々もいる。

しかし、申告者にとって、内部申告の結果は決して明るいものだけではない。同僚から冷たく見られる、組織から冷遇されるといったことはよくある。賞賛された3人の女性は、タイム誌のインタビューの中で、申告後、組織のトップから誠意を持って感謝されたことはないことや、今まで挨拶してくれた同僚が避けるようになったと述べた。ＦＢＩの官僚主義について証言したローリー氏に関しては、当時のＦＢＩのＯＢ会長がニューズレターの中で、彼女と、２００1年2月に逮捕された旧ソ連・ロシアのスパイだった、元ＦＢＩベテラン職員のロバート・ハンセンとを比較し、彼女の行動を「考えられない（unthinkable）」と非難したことが紹介されている。エンロンのワトキンズ氏の場合、当時の会長に直訴した2日後、エンロン社の社外の弁護士が出したメールは次のようなものである。「会社にとって不利な報告をした従業員への対策に関して（中略）現在、テキサス州法は企業の内部申告者を保護しない。また最高裁判所はこれまで、解雇された内部申告者の訴権を2回拒否している。」すなわち、エンロンの経営サイドは、内部申告者のワトキンズ氏を問題なく解雇できるかについて、検討していたのである。

雪印を申告した西宮冷蔵の水谷洋一社長の場合、雪印食品からの直接の不利益な扱いはなかったが、大口取引先の雪印食品が解散したことで損失を受けた。さらに、事件後に他の冷凍食品会社や食肉会社など大手を中心に荷の引き揚げが続き、一時、廃業せざるをえなくなった。元社員が在庫伝票の改ざんに関与し、倉庫業法に違反したことで、西宮冷蔵は、国から7日間の営業停止処分を受けた。これについて、社会の公益のための内部申告であり（関西ミートセンターだけで、３２００万円の補助金が不正請求された）、処分をしないでほしいとの嘆願も出されたが、聞き入れられなかった。当時の国土交通省の扇元大臣は次のように説明した。「倉庫業界の信用を失墜させるということに関して、内部申告をしたから許されるということではない。」しかし、「本来、1カ月の営業停止だが、（西宮冷蔵は）雪印食品に強要された部分があったことや自ら警察に明らかにしたことなどを考慮して7日間にした。」（朝日新聞、２００３／１／30 朝刊）。

組織内の悪事を暴露した内部申告者に対する報復は、多くの場合、その人の人格を汚したり、信用を落としたりして、公衆の関心を不正行為から申告者の信用や噂に移そうとする。また、申告とはまったく関係ないかのように、他の理由で配置転換をしたり、昇進の路を閉ざしたりすることもある。

太田（2002）は、『内部告発マニュアル』の中で、次のようにコメントしている。「正義を貫こうとした人が、とんだ痛い目を見るのが今の日本社会の現実でもある。だから、内部告発を安易に推奨することはできない。不利益を被ることを十分承知してほしいと思う」。

内部申告者の保護法が比較的に整備されているアメリカでも、内部申告を支援する団体は、「内部申告をする前に、その可能な結果について十分に認識してほしい」と訴えて、匿名申告を勧めている。GAP（Government Accountability Project: 説明責任促進プロジェクト）と二つのNPO組織、POGO（The Project On Government Oversight: 政府を監視する会）、PEER（Public Employees for Environmental Responsibility: 環境責任に関する公務員の会）は共同で、公務員のための内部申告マニュアルを作成している。「匿名の内部申告の技術（The Art of Anonymous Activism: Serving the Public While Surviving Public Service）」というマニュアル（2002）の中では、「公務員の内部申告に対する報復が多いため、理想的な方法の一つとして、実名を一般公開しないで、不正行為などに関する情報をNPO団体やマスコミに提供し、それらの団体・マスコミに前面に立ってもらい社会の公益のために戦ってもらう」ことを主張している。

このマニュアルには、内部申告者のために、以下の10項目の事前のチェックリストが挙げられている。

①愛する人に相談する（配偶者や家族、友人など身近な人からの同意を得られないようであれば申告を再考する）
②過去を見直す（公にされたくない過去の傷などがあれば申告をあきらめる）
③書類を集める（コピーできる書類や日記をつける、会話を文書化する、書類は外部の安全などこかに保管する）

④政府のリソースを用いない（許可がある特別な場合を除き、勤務時間中に申告の準備をしない、記録を残さないためにファックスやコピー、メールやコンピュータの使用に注意する）

⑤自分の味方を探す（自分の側に立って証言してくれるようなキーパーソンがいない場合、不正の申告は待つ）

⑥早い時期に弁護士に相談する（待っていないで法律のアドバイスを求める）

⑦どこで闘うのかを選ぶ（小さいことで争わない、不当な評価や報復について争うと雇用者に有利なので罠にかかりやすい）

⑧味方を見分ける（状況が厳しくなる前に、自分の味方を見極め、できる限り仲介を使う、議員など選挙でえらばれた人（elected officials）やジャーナリストなど自分に同意する人を集めておく、数の力は大きく、結果にも影響する）

⑨計画を熟考する（期待する目標と手段をきちんと考える、あいまいな前提をたてない、ステップごとのシナリオとどこでどの書類を使うか、相手の動きも予測をたてる）

⑩キャリアカウンセリングを受けておく（1年、2年、5年先を考えて、自分の行きたい道がどこにあるかを考えておく）

匿名申告の場合には、信憑性に欠けるとして、きちんと扱われないリスクも大きい。しかし、名前を明かすことによって人生をかけることが妥当か、どのラインまであきらめるか、など、内部申告する人は、計画し、慎重に行動する必要がある。申告の結果受ける損失を含めて、リスクを認識し、具体策をきちんと練ってから行動にうつすことが重要である。内部申告は申告して終わりではない、長いプロセスである。

◆内部申告を支援する第三者の重要性

組織内の不正が蔓延化し、かつ深刻な場合など、内部申告者にとって、組織内での申告がベストな選択ではないこともある。組織内で匿名性が確保されることは難しい。組織内に申告すると、組織に事前に情報を渡してしまうので、不正への対処は行なわれず、報復だけが行なわれることがあるからである。

特に、短期的な利益だけに注目している組織であれば、長期的に組織を健全化しようという考え自体がなく、内部申告者に対する圧力や報復を行う可能性は高い。

組織内部で解決できない問題に対応し、内部申告の効果を高めるために、内部申告を支援する外部組織や窓口は、今後さらに重要になると考えられる。

アメリカの場合

日本と比べて、アメリカでは、内部申告者を保護する法制度が比較的によく整備されている。そして、内部申告者を支援する団体が設立されている。政府機関や法律事務所などのほかに、ＮＰＯ組織の活動もある。代表的な支援組織として、「説明責任促進プロジェクト」（Government Accountability

Project http://www.whistleblower.org/）、「政府を監視する会（The Project On Government Oversight http://www.pogo.org/）、「環境責任に関する公務員の会（Public Employees for Environmental Responsibility http://www.peer.org/）などがある。たとえば、「政府の説明責任に関するプロジェクト」は、１９７７年に設立されたＮＰＯと法律事務所である。オフィスは、ワシントンＤＣのほか、１９９２年からシアトルにも置かれている。

　このＮＰＯ組織の目的は、職業の言論の自由および倫理の行為を進めて、申告者を保護し、市民運動ができるように支援することを通して、政府および企業責任能力を促進し、それによって、公益を保護することである。

　具体的に、ＧＡＰは、政府および企業の責任能力を促進するために、職業上の言論の自由を主張し、内部申告者に関わる訴訟を起し、内部申告者の関心事を公表している。また、内部申告者保護に関する政策と法律改正案を作成している。ＧＡＰの運営資金は、個人や基金の寄付、そして法律事務所の収入である。また、ＧＡＰは、内部申告に関する情報の提供や、内部申告に関する相談も行うことで、内部申告を行う前に考えなければならないことについてアドバイスを与えている。ＧＡＰとＰＯＧＯ、ＰＥＥＲ（2002）の内部申告のマニュアル「匿名内部申告の技術」もそのひとつである。内部申告に関する法律の規定や問題点、そして内部申告者が受ける可能性のある不利益などを詳細に説明し、内部申告を行うときの手順や、先に挙げたチェックリストなどが示されている。

イギリスの場合

イギリスでは、1993年に弁護士が中心となって、NPO組織の職場の公益通報に関する法律相談センター（Public Concern at Work）が立ち上がった。当初は、組織内のコミュニケーションを援助する目的であったが、現在、従業員や企業に対して、内部申告関係の相談やアドバイスを行い、また学校や企業などで、内部申告に関する教育も手がけている。相談の件数は、1999年から2000年の2年間に、年間平均800件、そのうち公益に関する相談は437件があったという。

このNPO組織は、寄付や企業などに対する有料アドバイスの収入で運営されているが、従業員個人に対しては、無料相談を提供している。

韓国・中国の場合

韓国では、2001年7月に腐敗防止法が制定され、2002年1月に、大統領直属の「不正腐敗申告センター」が設立された。これは公務員や国会議員の不正行為について申告する窓口である。腐敗防止法では、法に基づく申告や、関連情報の提供によって、懲戒処置や身分上の不利益を受けないように規定されている。また、不利益を受けた場合でも、腐敗防止委員会に申告し、原状回復を求めることができる。同センターの発足から1年半の間、3503件の申告を受け、うち108件については捜査機関に移され、立件されたという。

中国の場合、憲法（第41条）において国家機関や国家公務員の違法行為などについて通報する権利があると定められている。また、個別法（刑事訴訟法など）や、政令によって内部申告（「挙報」と呼ばれる）が推奨され、通報者を保護することも決められている。近年、中国の改革開放政策によって、政治経済における多元化が進行する中、汚職や大規模な脱税などの犯罪が多発している。これに対して、中央政府の多くの省庁や、地方行政機関、そして最高検察院や地方検察院に、「挙報中心」（内部申告センター）が設けられている。電話・投書、あるいはインターネットを通じて通報することもできる。重大な通報を行った内部申告者に対して、表彰（「精神的奨励」）のほか、報奨金（「物質的奨励」）が出される場合も多い。一方、内部申告者への報復は禁じられているが、現実には内部申告者は逮捕されたり、職から追われたりなどの不利益を受ける事例も報道されている。そのためか、数年前に北京市の内部申告ホットラインでは、匿名の申告を受ける際、暗証番号を発行し、通報者はその暗証番号で匿名のまま報奨金を受け取れるような措置もあったという。しかし、報奨金よりも確実に通報者を保護することがもっと大事だとの議論もある。また、行政や検察以外に、共産党の検査機関（規律検察委員会）においても、内部申告の受け皿となる専門部署が設けられている。政府機関や国営企業などの共産党幹部による不正に関する場合、こちらの窓口で申告を受け付け、党の規律による処罰のほか、状況によって司法に委ねられることもある。

日本の場合

［行政窓口］

現在、日本では内部申告や内部申告者保護に関する統合的な規定法はなく、個別法の中の、内部申告に関わる条項で対応している。これらの個別法に関連して、内部申告の相談窓口が監督官庁に設けられているところがある。たとえば、原子炉等規制法（平成11年12月に改正）で創設された安全確保改善提案制度に対応して、内部申告者の保護が定められ、原子力安全・保安院には、受付窓口が設けられた。

この窓口は、事業者の法令違反行為等を早期に発見することで、原子力災害を未然に防止することを目的とし、原子力施設の安全情報に関する申告を受け付けている。ちなみに、ここでいう「申告」は、「内部申告」と同じ意味で使われている。

窓口で申告する場合、保安院が申告を受け付け、その申告に対して原子力施設安全情報申告調査委員会が審議・了承し、その結論に従って処理する流れになっている。

申告として受け付ける内容は、明らかに内容が原子力施設の安全情報とは無関係と考えられるものを除く、すべての申告である。特に、申告者の職業、身分などの如何や、申告の理由・動機の如何は問われない。また、申告者は実名のほか、仮名・匿名でもよい。

申告者の保護では、受け付けられた申告案件の処理にあたって、申告者の意図に反する形で個人情報が流出しないようになっている。ただし、たとえば、申告者が、自ら実名を公開してもよいと書面で意志表明した場合、公開の可能性など、細かい規定も設けられている。

［民間の内部申告者の支援組織］

近年、「株主オンブズマン」や「情報公開クリアリングハウス」などのＮＰＯ組織が、内部申告者の支援を行っている。たとえば、株主オンブズマンは、弁護士、会計士、学者、株主および一般市民で構成され、1996年1月に大阪で発足された。企業不祥事を糾弾し、監督する活動を行っている。その活動の中で、2002年10月に新たに「公益通報支援センター」を設立した。

ここでは、企業、団体、行政機関における公益を害する違法・不正について、社員や職員、関係者から相談を受け付け、問題に応じて無料でアドバイスをしている。公益を害する不正・不法行為があったと判断される場合は、相談者の意志を尊重し、相談者の氏名などの個人情報を保護する。申告内容を企業等に伝え、企業等が自ら当該行為の是正と再発防止の方策を速やかに講じ、対外発表も自ら行うように求める。特別に悪質なケース、社会的影響が大きいケース以外は、監督官庁への申告、捜査機関への申告等は、原則として代理申告しない。

同センターは、日本ハム牛肉偽装事件の後、食品業界をはじめとして、企業に導入するべき社内的な内部申告者制度（「スピーク・アップ制度」）のガイドライン試案を公表している。また、組織内部での不正行為の対処方法を提案している。

スピークアップ・アドバイザー制度は、企業などの組織が、組織外部の相談員（スピークアップ・アドバイザー）を依頼し、従業員などの相談や通報を受け付けるしくみである。その相談員が、情報を組織内部のコンプライアンス委員会等に対して通知し、同時に、必要に応じて早期に是正措置をとることを勧告するのである。違法・不正行為の予防に寄与しながら、違法・不正行為が行われた場合は、早期にその違法・不正行為を是正するというシステムである。

このようなシステムのメリットは、通報者の秘密を守れること、かつ会社に対して、その是正がなされない場合には、社会的影響等を考慮しながら、是正勧告ができることである。つまり、通報者にとっては、報復などのリスクが小さくなると同時に、組織にとってのネガティブな情報を公にせず、とりあえず組織内部で処理することが可能である。

ただし、相談員の権限は、申告内容を会社に通知し、その是正を勧告することである。社会に対する重大な影響を与える場合は、是正勧告とあわせて、社会への公表等を勧告することもできる。会社が是正をしない場合、または隠蔽しようとする悪質なケースは、関係官庁に自ら通報公表することができる。さらに、会社が、相談員に申立てた従業員などを、通報を理由にして不利益に扱うことが一切ないように勧告・是正を行う。

〔ビジネスとしての窓口〕

企業によっては、企業の順法活動を支援する形で、内部申告支援の窓口を設立し、契約企業に対して窓口サービスを提供するところもある。たとえば、コールセンター・電話相談のダイヤル・サービス株式会社が、2003年1月から「企業倫理ホットライン」を開設し、組織の不正や不祥事など、内部では話しにくい内容を聞き取り、企業側担当者に報告する事業を始めた。電話相談3年以上の経験を持つ相談員が担当し、横領や背任、粉飾決算、欠陥商品の申告を対象としている。相談員は、弁護士や危機管理コンサルタントの研修を受けており、申告内容を企業に迅速に通報する仕組みになっている。これは、企業組織の、内部への通報を支援するものである。運営している会社の話によると、このようなホットラインサービスのメリットとして、以下のことが挙げられる。まず、通報者にとっては、組織内部で通報する場合の不安や通報のしづらさ、上司や同僚を裏切ることになるかという迷いなどを克服できる。また、組織にとっては、マスコミや、外部機関への直接の内部申告の防止、問題が大きくならないうちにすばやく対応し、不正行為を抑止する、そして社会的責任に対する姿勢を社会にアピールできる、としている。

以上のように、このようなホットラインサービスは、内部申告者を支援する窓口とは異なり、法令遵守に関する組織の仕事の一部をアウト・ソーシングの形で請け負うものである。つまり、組織は自ら、外部の窓口サービスと契約を結び、組織内の対応部署や窓口で得られない、あるいは得られにくい不正情報を得て、問題に早期対応する、ということである。これによって組織内部での内部申告がしやすくなり、企業の自浄能力も高くなる。それと同時に、組織内で円満に問題を解決することにより、マスコミや、監督官庁への外部通報の必要性を最小限にすることで、外部通報による組織に対する大きなダメージを回避することができる。このようなサービスでは、通報者の匿名性に対して、どのようにして徹底的に保護するか、そして、通報された不正事実についての情報を管理するかが重要である。

◆どの立場に立って内部申告を考えるか

社会の一員であり、何かの組織に属して働く個人でもあるわれわれは、内部申告を見るときに、そして、そのためのシステムを作るときに、自分がどの立場にあるかについて、注意する必要がある。どの立場に立つかによって、内部申告に対する意味づけや、アプローチが異なるからである。社会の一員として、内部申告を見るのか、組織や経営者の立場に立つのか、それとも申告しようとする個人なのか。研究も、システム作りも、自分がどの立場にあるか、そして、自分がどのような歪みをもって内部申告を見ているのかを認識し、内部申告について考える必要があるだろう。

たとえば、法律も、どの立場で制定されるかによって内容が異なる。公益通報者保護法は、着手したのが内閣府国民生活局であり、消費者、すなわち申告者になりうる個人の立場である（大内ほか2004）。しかし、個人の立場といっても、内部申告する人の立場なのか、組織に働く個人であることを重視するのかにより、視点は異なる。公益通報者保護法は、匿名の内部申告については保護せず、組織の判断に任せている。「実名でまず組織内部に申告する、これらのプロセスを踏み、外部への申告が正当化される」というこの法律の考え方は、組織に最初のメリットを与える立場にあるようにも見える。本当に深刻な不正の場合には、組織内の申告は、隠蔽のための準備情報を組織に渡すことも起こりうるが、その場合の対応はどうすればよいのか、具体的な提案はないのである。

匿名の内部申告に対する保護については、今後も続けて議論し、システムを整える必要があろう。公益通報者保護法がもたらす効果については、特にしっかりと見守るとともに、実証的研究に基づいてその効果を検証し、法を改正していく必要がある。

◆内部申告の是非

内部申告は、社会にとって、実際にはどのような意味があるのだろうか。内部申告の意義についての議論が、企業倫理学においてなされてきたことは第2章の定義のところで少し述べた。ここでもう一度考えてみたい。

内部申告の三つの本質として、ボック（2001）は、権威や支配的な見解に対する「不同意」、自分自身の集団に対する警告という「忠誠の侵害」、不正のレッテルを貼ることで、特定の個人や団体の責任を問う「告訴」を挙げている。申告者は、不同意に対する正確さと思慮をもち、忠誠心の破棄を最小限に食い止めながら、不適切さに対処する可能な方法を探る必要がある。

このように、内部申告には、「不忠である、裏切りである」という価値観が常についてまわる。しかし、内部申告者は誰にとっての裏切り者なのだろうか。ある特定の組織や集団に利益をもたらす組織的不正に異議を唱える申告者は、その集団にとって一時、裏切り者と見えるかもしれない。ただし、ある集団に属するメンバーが、その集団だけに絶対の忠誠心をもっていなければならないわけではなかろう。その人は、家族の一員、消費者、市民、社会の一員でもある。最近は、ひとつの組織にずっと働き続けられるというわけではなく、次の組織に移れば、新しい組織の一員になる。ひとつの集団に異議を唱えて不利益をもたらしても、その人がすべての社会にとっての裏切り者になることはまったくあり得ないのである。だから、ある人の特定の行為に由縁して、単純な「裏切り者」という否定的レッテルを貼ることに意味はない。ただし、人の心理はそのようなレッテルを貼ることで、複雑な問題に対する単純な答えを見つけ出したいものである。そのような人の感情、認知のゆがみについて理解、実証している研究、たとえば、ステレオタイプの研究知見から、内部申告について考えることも重要である。

そもそも、組織に働く従業員は、組織に忠誠心をもつべきだろうか。ダスカ（2001）は、この忠誠心に疑問を呈している。個人が会社に対して忠誠をもつこと、あるいはそれを義務としてみなすこと自体が誤っており、内部申告が忠誠心を欠く行為だという意見に反論しているのである。企業組織は利益を上げることを目的としているのだから、ビジネス上のつながりとは、お互いの達成や助け合い、絆を作ることではなく、分業して利益を上げるためである。一方、忠誠とは、個人や集団の絆に対してもつものであり、ビジネスにおける絆という前提は成立しない。従業員が会社に忠誠心をもつ、あるいはもつように義務付けることは誤りという考え方である。組織への忠誠という前提がなくなれば、自集団に対して警告をする内部申告は忠誠を否定する行動である、という論理が成立しないというのである。

論理的には個人と組織は契約関係にある。組織が従業員に、強制的に忠誠心を求めるべきではないという議論は納得できる。ただし、会社勤めに限らず、どのような集団に属しても、人は所属する集団に対して、アイデンティティやコミットメントをもつ。それが、忠誠心ともいえる強い感情や認識に発展するのも避けがたいことである。内部申告者の抵抗感については、グループダイナミクスの知見を活用する必要があろう。たとえば少数派の影響力をいかに活用するかなど、これからの内部申告制度にとって新しいアイディアが生まれる可能性がある。

「内部告発は私たちの生活にとってどのような意味をもつのか」「内部告発に対する抵抗感をどのように捉えるのか」といった、内部申告それ自体のもつ特性が問われてこなかったことに対する疑問を呈しているのは、奥田（2004）である。近年は、不正を暴露・是正するための手段として、内部申告（組織のメンバーによる組織内の不正についての組織外部への申し立て）が、その目的の善さ・正しさを根拠に妥当性を認めるべきだという主張がある。一方で、現場では内部申告を相変わらずタブー視している。このように、いわば建前と本音が乖離しているような状態で、内部申告を奨励し、啓蒙アプローチをとって、果たして意味があるのだろうか、という問題提起である。奥田の主張は、次のような点にまとめられる。

第一点は、「内部告発が、秘密の非公開を強いる顕在的・潜在的圧力と、秘密の公開を強いる圧力との間の、均衡に深く関わる問題だ」ということである。組織生活とは、すなわち人間関係の集合であり、これは、秘密と公開の均衡の中に存在している。組織不正は、秘密と公開の均衡を崩す重大な秘密であり、組織不正によって大きく秘密にゆれた均衡をとり戻すための公開が内部申告である。内部申告が組織成員の選択肢に入った段階で、組織は手遅れの状態にある。

第二に、「内部告発者への報復や冷遇」の意味である。「内部告発者への報復や冷遇」は、組織不正という重大な秘密、内部申告という極端な公開へと、大きく振れた均衡をもう一度揺り戻すための秘密である。内部申告者以外の組織成員は、組織内の不正を見ても何も考えず、行動を起こさない、という、思考欠如状態にあり、一方の内部申告者は思考欠如状態になれなかった存在として、他の成員とは異なる。そのため、申告者が受ける報復は、冷遇あるいは無視であり、報復・冷遇は、組織生活を重大な危機にさらした結果に対する反射的かつ自然な回避反応である。

第三に、「不祥事を他人事として客観化できる第三者は、自浄作用を失った組織に代わり、内部告発を不正の暴露や是正のための新しい手段として奨励することができるが、当該組織のメンバーにとっては、無責任な議論だ」という点である。内部申告の奨励は、すなわち秘密と公開の均衡を崩すことの奨励であり、掟破りの公開行為、過剰な、そして第三者的な透明性への欲望である。実際に、組織の成員が組織の不正を知ってしまうことは交通事故に遭うようなものであり、内部申告者は、自分の行為とそれに伴う結果を納得して申告するのではなく、結果として受け入れていく立場にある。そのような中での内部申告奨励はばかげている。単に社会規範的に内部申告を議論するのではなく、組織の中で働く人の視点から考えることが重要である。そして、組織に取り込まれて思考欠如に陥ることも、組織の中にありながらその自覚もなく内部申告を乱発するような思考欠如に陥ることもない、組織に働く人の第三の道を見つける必要がある。

このような議論の中にある組織の姿は、閉鎖されたシステムのようにみえる。今も多くの組織は閉鎖されたシステムであるかもしれない。もしもそうであれば、社会に対して、一部でも、開かれた窓をもつ組織が成立するためには、何が必要なのか。組織の社会的責任が問われる現在、組織が社会に対してどう開かれているべきかという問題が、実はコンプライアンスや内部申告の問題の根幹にあるのではないだろうか。

これまでのビジネスモデルは、常に上昇志向、利益率を昨年度よりも上げる、というものであった。そのために無理なビジネスに走る組織もある。しかし、これからの社会で、このようなビジネスモデルは非現実的である。これからは、経済的パフォーマンスだけでなく、社会的責任をいかに果たしているかを社会的パフォーマンスのひとつとして取り入れる必要があるだろう。組織の存在意義を経済的活動のみにおくのではなく、仕事やアイディア、人々の生活を生み出す、社会の中のひとつの重要な存在価値を見出し、それを評価する社会が必要である。

内部申告は、組織自体のあり方や、組織という集団に属する個人の本質的なあり方を問う、複雑な、そして深刻な問題である。ただし、内部申告の是非にのみこだわると、議論が止まる。どちらとも結論がつかないからである。内部申告は多様な側面をもち、単純な是非で解決がでる問題ではない。一時的に社会に必要なのではなく、これからもその重要性は変わらない。多様な立場からの議論を続けるべき問題である。

そして、内部申告の意味は、社会や制度の変化とともに、変わる可能性もある。組織的不正が多く明るみに出るにつれて、内部申告は、裏切りや秘密といった議論上の問題ではなく、より身近な現実の問題になってきている。内部申告をコンプライアンスが浸透するまでの過渡期に生まれる社会の機能のひとつと考えることもできる。多くの組織的不正が明るみに出やすくなっただけなのか、それとも実際に不正が増えているのかは不明である。しかし、組織的不正に対する社会の目が厳しくなりつつあることは事実であり、それを明るみに出すひとつの方法として内部申告が現在、注目され、影響をもつのである。

社会は、単純なステレオタイプで内部申告や内部申告者を判断せずに、各ケースについて慎重に考えることが必要である。内部申告に関連する普遍的要因を見出すことも意味があるが、内部申告が社会にとってどのような意味があるか、今の社会がどこに向かうか、そのために内部申告がどのような機能を果たしているかについて検討することも重要であろう。これからの新しい社会システムは、現在の社会と、われわれの判断と決定を反映して創られていく。将来の社会のあり方、そして組織のあり方、私たちの生活を考えた上で、内部申告の社会的な役割を見直していくことが必要である。

あとがきにかえて――本シリーズの位置づけ

社会技術研究の生いたち

本書は文部科学省主導「社会技術研究」の社会心理学研究成果にもとづく「組織の社会技術」シリーズの第4巻である。巻末にあたり、社会技術・社会心理学研究グループの形成経過から本書成立までの過程を簡単に記しておきたい。

１９９９年9月30日にＪＣＯ事故が起こった。事故収束後、政府はただちに事故調査委員会を招集した。委員の委嘱が故小渕恵三内閣総理大臣名でなされたこと、委員長に吉川弘之日本学術会議会長（当時）が任命されたことを見ると、政府がこの事故をいかに重大視していたかがうかがわれる。また、事故調査委員会の委員に社会科学者二名が任命されたことも原子力関係では異例だった。岡本は、事故調査委員のひとりとして、事故の経緯をつぶさに学ぶこととなった。委員会は中間報告を経て、12月24日に最終報告として「ウラン加工工場臨界事故調査委員会報告」を内閣総理大臣に提出した。その報告書は、Ⅵ章「事故の背景についての考察」で、法的措置、工学的措置だけによって安全を確保するのには限界があり、社会科学の援用が必要であることを明記した。これが、社会技術研究の契機となった。

具体的な記述を若干例示するとつぎのようである。

したがって、今回のJCO臨界事故から得られる教訓として①的確な危機認識の形成とその維持の重要性、②的確な事前・事後の安全確保対応の策定、③安全確保対応のハード化、④ハード化が困難な部分について、ソフト型の安全確保対応の実現を保証するための安全確保支援（人文社会科学的な技術・技能という発想）の導入とその開発、⑤危機認識の形成と維持にはじまり、安全確保対応及び安全確保支援の策定・実現、並びにこれに要するコストの負担に至るまで、安全社会システムの総合設計の重要性、の5つが認識された。（Ⅵ-18ページ）

（b）社会心理学的装置の導入：各種の安全確保対応や支援の健全な作用をより確実にするためには、その担い手である人間の心理面に着目した工夫が随所に凝らされるべきであろう。匿名性の排除（公的団体への従事者の登録制度、手順・作業申し送りの署名励行等）や作業環境の整備による責任感・自己知覚の向上など、心理学的に実証されている様々な効果をハード・ソフト両面から加える（社会心理学的装置）ことにより、人間が潜在的に有する責任感、向上心に適度な刺激を常に与え続けることが望まれる。（Ⅵ-23ページ）

この報告書を受け、翌2000年4月、科学技術庁（旧）のもとに「社会技術の研究開発の進め方に関する研究会」が組織された。座長は、この経緯から、JCO事故調査委員長を務めた吉川弘之博士だった。この委員会には、後に初代、二代の社会技術研究システム統括をお務めになる加藤康宏さん（当時、科学技術事務次官）、佐藤征夫さん（当時、日本原子力研究所理事）のご両所とともに、岡本も委員として参加した。委員会は審議を重ね、同年12月に提言「自然科学と人文・社会科学の複数領域の知見を総合して新たな社会システムを構築していくための技術（社会技術）推進の必要等」をとりまとめ、それを受ける形で、２００１年３月の第二期科学技術基本計画（閣議決定）において、社会技術の構築がその政策の一つに位置づけられたのである。

「社会技術研究システム」立ち上げのための作業は２００１年４月より開始された。同時に「ミッション１」と呼ばれる研究群の立ち上げが日本原子力研究所（当時）のもとで行われた。社会心理学研究グループはその中核として、２００１年４月から専任研究員を擁し岡本の指揮のもとで研究に着手した。王晋民はその当初から２００４年３月まで専門研究員として着任し、本多-ハワード素子は２００４年から着任した。

吉川座長は、社会技術という概念を、科学技術と対置してつぎのように捉えておられた。

自然科学技術（自然科学を応用した技術）→科学技術

社会科学技術（社会科学を応用した技術）→社会技術

後に、この社会技術の概念が「社会のために役立つ技術」と拡張された。それが、ミッション２以後のプロジェクトが多彩な領域を含み多士済々になるという実を生みもしたが、同時に、ミッション２以後の研究からせっかくの社会科学が失われた背景になったとも考えている。この原因帰属が当を得ているかどうかの議論は別として、私はこの定義拡張には当初から不同意である。「技術」という用語は、広辞苑の「科学を実地に応用して自然の事物を改変、加工し、人間生活に応用するわざ」という記述を参照するまでもなく、概念内容に「社会のため」という意味内容を不分離にそなえている。「社会のために役立つ技術」は重複定義であり、たんに「技術」と言ったのとなんら変わらない。

新しい研究、新しい視点には新しい概念定義が必要だが、その概念にはなんらかの緊張関係と論理の移調が含まれていなければならない。緊張が創発を生み、移調が手法を規定する。最初の定義は自然科学技術との対比という形で緊張と移調をそなえ、定義としての役割を果たしていたが、「社会のために役立つ技術」にはそれがない。何世代かのミッション終了後に社会技術研究の評価がくだされるとき、この定義変更の鼎の軽重が再問されるはずである。私どもの社会心理学研究が当初、日本原子力研究所をホストとして立ち上がったという事実が、原初の定義に緊張と移調が含まれていたことの強い傍証である。

本シリーズの成り立ち

社会心理学研究グループでは、JCO事故を中心に、さまざまな組織不祥事の発生経緯、なかでもとりわけ組織心理学的な側面に注目して分析を行い、問題をつぎのように分割した。

（1）会議とインフォーマルな懇談による集団意志決定の機能不具合

（2）組織的違反の原因となる組織風土の特定と測定

（3）内部申告を含むコンプライアンス行動の人格要因と状況要因

（4）使命感・コンプライアンスを生む職業威信
（5）価値観などの主要態度の間接測定法の開発

組織による不祥事は、工程変更やラベル貼り替え、リコール隠し、などの反社会的行為を組織として決定して行っていた。会議や懇談などの意志決定の機会が、そのような慎重意見を強圧する場として機能したことが確かである。不適切な意志決定の防止のためには、意見表明が適切にし得る社会心理学的に適切な招集方法、議事進行、意志決定の手続きを社会技術として編み出す必要がある。それが（1）の課題である。

フォーマルな意志決定手続きが、すべての場合に用いられるとは限らない。調べてみると、不祥事が組織内で発覚したときにそれを公式の報告や意志決定のルートに載せるかどうか、さらに、前例が乏しい新しい探索的課題が行われているときにどの時点からそれを正規の意志決定手続きに載せるかなどについては、組織なり職場なりがもっている風土が影響する。（2）の属人思考はそのような研究のすえ、私たちが捉えることに成功した思考傾向である。

（3）が本書に該当する研究課題群である。意志決定手続きと組織風土の両方に問題のある組織が反社会的行動を継続し、組織トップがそれを容認しているという状態が続くと、内部申告を含むコンプライアンス行動がそれに終止符を打ち得る最後の手段となる。実際のコンプライアンス行動は、規程そのものよりも、規程の心理的認知や周囲の同僚の価値判断の影響を強く受ける。適切な内部申告のための社会心理学的環境の整備を目指したものである。

違反行動への影響プロセスが、決定手続きや組織風土よりもさらに間接的だが長期的に重要なものとして、職業的使命感（ノブレス・オブリジェ）と職業的自尊心をあげることができる。（4）の研究課題では、職業的威信の二次元モデル（「職務的自尊心」「職能的自尊心」）が職業的使命感とあいまって、違反抑止を支えるプロセスを実証的に分析した。

これらの知見は、企業研修やコンプライアンス研修、さらには、人事政策の構築に活用可能である。このような心理学的社会技術プログラムの有効性を評価するためには、通常の質問紙方式による直接測定のほかに、被験者に測定次元の推測などがしにくくホンネの測りやすい測定手法が必要となる。（5）の研究はそのためのものである。

謝　辞

五年間の研究を終了するにあたり、こうして研究成果を概観するとあらためて胸に去来するものがある。多くの風雪から私どもの研究を守り支えてくださった方々に御礼を申し上げたい。

佐藤征夫博士（現在、東京女子医科大学事務局長・教授）は、２０００年4月の科学技術庁「社会技術の研究開発の進め方に関する研究会」に私と同席された立ち上げ以前の段階から、日本原子力研究所の社会技術担当理事、研究システムが科学技術振興事業団に移ってからは科学技術振興事業団理事と社会技術研究システム統括、という形で、２００５年の5月まで、政府提言、立ち上げ、研究実施のほぼすべてのプロセスに伴走してくださったことになる。この間、行政をご覧になられただけでなく、若い研究者とランチをともにし、彼らの研究に身を乗り出すようにして関心を持ってくださった。その薫陶は年を経るごとに彼らの研究に開花することだろう。私も、佐藤さんとの心の交流が大きな励みだった。感謝を記しておきたい。

初代の社会技術研究システム統括の加藤康宏さん（現在、海洋研究開発機構理事長）からも多くのご指導とご援助を賜った。

次長をなさった植田昭彦さん（現在、先端医療振興財団常務理事）とは、旧科技庁の未来技術予測の委員会につづいて二度目のご交誼となった。微妙な問題についてもご相談にのって下さった。

立ち上げから原研時代の担当課長だった宮川修治さん（現在、日本原子力研究開発機構産学連携推進部次長）と根岸光治さん（現在、日本原子力研究開発機構システム計算科学センター業務課主査）からは、力強いバックアップをいただいた。

２００５年1月まで社会技術研究開発センター・副センター長をお務めだった岩崎健一さんは、日本原子力研究所から科学技術振興事業団への移管時と、研究終了時の二期にわたって事務部門を統括してくださった。柔軟な思考で、多くの困難を克服してくださった。

平尾孝憲さん（研究開発主幹付）、小正繁男さん（運営室調査員）には、とりわけお世話になった。前任の泉直行さん（現在、ＪＳＴサテライト新潟事務局長）、嶋瀬俊太郎さん（現在、ＪＳＴ研究基盤情報部研究基盤課計画係長）から運営のバトンを引き継がれ、難事山積のなか、研究者魂に感得した運営者魂を発揮してくださった。男気あるご支援は、深い感銘とともに生涯忘れられない。

市川惇信博士（東京工業大学名誉教授）は、初期には研究を評価するフォーラム議長、最終年度にはセンター長としてご指導いただいた。異見にも耳を傾けてくださり、ざっくばらんな心の深さで窮状を何度も救っていただいた。

堀井秀之さん（東京大学工学系研究科教授）は全研究期間、研究副統括、研究統括として岡本の相談に乗り、要求水準を明確化することで多くの刺激をくださるとともに、予算を含む研究資源の確保に努めてくださった。

この五年強、あまりに忙しく、これらの人々と酒を酌み交わす時間はおろか、ゆっくり御礼を述べるいとまもない生活だった。この場を借りて御礼を申し上げる。ほかにも、ミッション1の同僚研究者、期なかばで異動された運営室職員の方々など多くの方々のご支援を賜った。すべての方のお名前を記す紙幅に恵まれないが、御礼を申し上げる。

政府主導の予算で絶えず評価を受けながら大きな研究を進めるという経験は文科系では稀有で、私自身も成長の機会を得た。この年月は生涯の宝である。この間、研究へ没頭が可能だったのは、高木栄作さん（東洋英和女学院大学人間科学部教授）をはじめとする職場の同僚教授がたの友誼によるところが大きい。

準備期間を含めた六年間という年月は、プロジェクトメンバーひとりひとりにとって、研究者人生の中核をなす長期間であった。応用社会心理学研究に本来あるべき陽の目がきちんとあたる時代がやがて訪れることを憧《のぞ》みたい。私どもの研究がそこへ至る道標のささやかなひとつとして顧みられる日があれば幸いである。

新曜社の塩浦暲さんは、若い研究者から筆客に育てた人の多いことで出版界では知る人ぞ知る編集者である。塩浦さんの学術への静かで深い情熱がなければ、本叢書も本書ももとより成らなかったものである。最後に深謝申し上げる。かつて単著の処女作を世に出してくださった塩浦さんに二〇余年後このような形でまたお世話になれたことも、研究者人生望外の喜びであった。

平成18年水無月

岡本浩一

〈組織の社会技術〉シリーズ　（表示価格は税抜きです）

次々発生する根幹企業の重大事故や不祥事。モラル向上を唱えたり、法の整備や工学技術に解決を求めるだけでは対応できない。組織の危機管理には、社会技術からのアプローチが必須なのである。最新の研究成果に基づいて危機発生のメカニズムと対策を多角的に解説する、組織マネジメント必携のシリーズ。

1『組織健全化のための社会心理学――違反・事故・不祥事を防ぐ社会技術』
岡本浩一・今野裕之 著　（四六判並製224頁・2000円）

2『会議の科学――健全な決裁のための社会技術』（四六判並製288頁・2500円）
岡本浩一・足立にれか・石川正純 著

3『属人思考の心理学――組織風土改善の社会技術』（四六判並製248頁・2100円）
岡本浩一・鎌田晶子 著

4『内部告発のマネジメント――コンプライアンスの社会技術』
岡本浩一・王　晋民・本多-ハワード素子 著　（四六判並製288頁・2500円）

5『職業的使命感のマネジメント――ノブレス・オブリジェの社会技術』
岡本浩一・堀　洋元・鎌田晶子・下村英雄 著　（四六判並製144頁・1500円）

組織の社会技術4

内部告発のマネジメント

コンプライアンスの社会技術

初版第1刷発行　2006年8月5日©

著　者　岡本浩一・王　晋民
　　　　本多－ハワード素子
発行者　堀江　洪
発行所　株式会社　新曜社
〒101-0051　東京都千代田区神田神保町2-10
電話 03-3264-4973(代)・FAX 03-3239-2958
e-mail　info@shin-yo-sha.co.jp
URL　http://www.shin-yo-sha.co.jp/

印刷　光明社　　Printed in Japan
製本　光明社
ISBN4-7885-1009-X C1011

著者紹介

岡本浩一（おかもと　こういち）

東洋英和女学院大学人間科学部教授。内閣府原子力委員会専門委員兼務。1980年，東京大学文学部卒業。1985年，東京大学大学院社会学研究科第一種博士課程単位取得満期退学。2000年，社会学博士（東京大学）。1993～94年，フルブライト助教授としてオレゴン大学のポール・スロヴィック教授のもとよりリスク心理学の手法をわが国にもたらす。JCO臨界事故，東電シュラウド傷不報告事例など多くの事故・不祥事で政府の調査委員をつとめる。2001～2006年，（独）科学技術振興機構社会技術研究開発センター（日本原子力研究所社会技術研究システムから移管・改組）社会心理学研究グループ・リーダー兼務。また，学校法人裏千家学園茶道専門学校理事を兼務。『社会心理学ショートショート』（新曜社）は，大学レベル教科書の古典として広く用いられる。他に『無責任の構造』『権威主義の正体』（PHP新書），『リスク・マネジメントの心理学』（共編著，新曜社），『JCO事故後の原子力世論』（ナカニシヤ出版），『属人思考の心理学』（鎌田晶子と共著，新曜社）など。

王　晋民（わん　しんみん）

現在，千葉科学大学危機管理学部助教授。

1983年，北京大学心理学系卒業，1991年，筑波大学大学院博士課程心理学研究科修了，学術博士。2001年より，日本原子力研究所（後に科学技術振興機構社会技術研究開発センターに移管・改組）社会心理学研究グループ研究員。2004年より現職。主著「単語認知における単語要素の視認性と使用頻度の効果」（共著，人間工学，2001）

本多－ハワード素子（ほんだ　はわーど　もとこ）

現在，明治学院大学非常勤講師，江戸川大学非常勤講師。

1987年，東京女子大学文理学部心理学科卒業。1999年，日本女子大学大学院人間社会研究科心理学専攻博士後期課程単位取得満期退学。2003年，心理学博士（日本女子大学）。2004～2006年，科学技術振興機構社会技術研究開発センター社会心理学研究グループ嘱託研究員。主著 “Job sat-

isfaction of Japanese career women and its influence on turnover intention". (*Asian Journal of Social Psychology*, 2001)，「看護学生の職業社会化における戴帽式の役割」（産業組織心理学研究，2002）

索　引

◆さ行

◆た行

◆な行

◆は行

◆ま行

◆や行

◆ら行

◆わ行

引用文献

Abrams, D., de Moura, G. R., Hutchison, P., & Viki, G. T., 2005. When bad becomes good (and Vice Versa): Why social exclusion is not based on difference. In D. Abrams, M. Hogg, & J. M. Marques (Eds), *The Social Psychology of Inclusion and Exclusion*. (Pp.161-189). New York: Psychology Press.

安達智子, 1998. セールス職者の職務満足感―共分散構造分析を用いた因果モデルの検討. 心理学研究 *69*(3), 223-228.

Ahern, K. & McDonald, S., 2002. The beliefs of nurses who were involved in a whistleblowing event. *Journal of Advanced Nursing, 38*, 303-309.

Ajzen, I. & Fishbein, M., 1980. *Understanding Attitudes and Predicting Social Behavior*. New Jersey: Prentice Hall.

Alford, C. F., 2001. *Whistleblowers: Broken lives and organizational power*. Ithaca and London: Cornell University Press.

Allen, N. J. & Meyer, J. P., 1990. The measurement and antecedents of affective, continuance, and normative commitment to the organization. *Journal of Occupational Psychology, 63*, 1-18.

Asch, S. E., 1951. Effects of group pressure upon the modification and distortion of judgments. In H. Guetzkow (Ed.), *Groups, Leadership and Men: Research in human relations*. (Pp.177-190). Oxford, England: Carnegie Press.

Asch, S. E., 1956. Studies of independence and conformity: A minority of one versus an unanimous majority. *Psychological Monographs, 70*.

Bakan, J., 2004. *The Corporation: The pathological pursuitof profit and power*. New York: Free Press.（酒井泰介（訳）, 2004『ザ・コーポレーション―わたしたちの社会は「企業」に支配されている』早川書房.）

Bandura, A., 1963. The role of imitation in personality. *The Journal of Nursery*

Education, 18(3).

Bandura, A., 1986. *Social Foundations of Thought and Action: A social cognitive theory*. Englewood Cliffs, NJ: Prentice-Hall.

Bandura, A., 1992. Exercise of personal agency though the self-efficacy mechanism. In R. Schwarzer (Ed.), *Self-efficacy: Thought control of action*. Pristol, PA: Taylor & Francis.

Bandura, A., Ross, D., & Ross, S. A., 1963. Imitation of film-mediated aggressive models. *Journal of Abnormal and Social Psychology, 66*, 3-11.

Baron. R. A. & Byrne, D., 2002. *Social Psychology: Understanding human interaction*. (10th ed.) Boston: Allyn and Bacon.

Becker, H. S., 1960. Notes on the concept of commitment. *The American Journal of Sociology, 66*, 32-40.

Boatright, J. R., 1997. *Ethics and the Conduct of Business*. (2nd ed.) London: Prentice Hall.

ボック, S., 2001.「内部告発と職業的な責任」梅津光弘（監訳),『企業倫理学2 リスクと職場における権利・義務』晃洋書房. Pp.218-230. In T. L. Beauchamp & N. E. Bowie, 1997. *Ethical Theory and Business*. 5th ed., Prentice Hall.

Bond, R., & Smith, P. B., 1996. Culture and conformity: A meta-analysis of studies using Asch's (1952b, 1956) line judgment task. *Psychological Bulletin, 119*, 111-137.

Brief, A. P. & Motowidlo, S. J., 1986. Prosocial organizational behaviors. *Academy of Management Review, 11*(4), 710-725.

Casal, J. C. & Zalkind, S. S., 1995. Consequences of whistle-blowing: A study of the experiences of management accountants. *Psychological Reports, 77*, 795-802.

Cialdini, R. B., Reno, R. R., & Kallgren, C. A., 1990. A focus theory of normative conduct: Recycling the concept of norms to reduce littering in public places. *Journal of Personality and Social Psychology, 58*, 1015-1026.

De George, R. T., 1999. *Business Ethics*. (5th ed.) Upper Saddle River, NJ:

Prentice Hall.

Denison, D. R., 1996. What is the difference between organizational culture and organizational climate? A native's point of view on a decade of paradigm wars. *Academy of Management Review, 21*, 619-654.

ダスカ, R., 2001.「内部告発と従業員の忠誠」梅津光弘（監訳),『企業倫理学2 リスクと職場における権利・義務』晃洋書房. Pp.231-236. In T. L. Beauchamp & N. E. Bowie, 1997. *Ethical Theory and Business*. 5th ed., Prentice-Hall.

Dworkin, T. M. & Near, J. P., 1987. Whistle-blowing statutes: Are they working? *American Business Law Journal, 25*(2), 241-264.

Dworkin, T. M. & Near, J. P., 1997. A better statutory approach to whistle-blowing. *Business Ethics Quarterly, 7*(1), 1-16.

Ellis, S. & Arieli, S., 1999. Predicting intentions to report administrative and disciplinary infractions: Applying the reasoned action model. *Human Relations, 52*(7), 947-967.

Enz, C. A., 1986. *Power and Shared Values in the Corporate Culture*. Ann Arbor: University of Michigan Research Press.

Enz, C. A., 1988. The role of value congruity in intraorganizational power. *Administrative Science Quarterly, 33*, 284-304.

Fishbein, M. & Ajzen, I., 1975. *Belief, Attitude, Intention, and Behavior: An introduction to theory and research*. Reading, Mass.: Addison-Wesley Pub. Co.

French, J. P. R. & Raven, B., 1959. The bases of social power. In D. Cartwright (Ed.), *Studies in Social Power: 118-149*. Ann Arbor: University of Michigan, Institute for Social Research.

藤村まこと・古川久敬, 2003a.「組織内外への whistle blowing に及ぼす組織要因の効果－失敗の共有と活用に着目して」日本社会心理学会第44回大会論文集.

藤村まこと・古川久敬, 2003b.「組織内外への whistle blowing を規定する要因に関する研究」日本心理学会第67回大会論文集.

Furnham, A. & Taylor, J., 2004. *The Dark Side of Behaviour at Work:*

Understanding and avoiding employees leaving, thieving, and deceiving. Hampshire: Palgrave Macmillan.

古畑和孝・岡隆（編）, 2002.『社会心理学小辞典 増補版』有斐閣.

Gelfand, D. M., Hartmann, D. P., Walder, P., & Page, B., 1973. Who reports shoplifters? A field-experimental study. *Journal of Personality and Social Psychology, 25*, 276-285.

Glazer, M. & Glazer, P., 1989. *The Whistleblowers: Exposing corruption in government and industry*. New York: Basic Books.

Goldie, J., Schwartz, L., McConnachie, A., & Morrison, J., 2003. Students' attitudes and potential behaviour with regard to whistle blowing as they pass through a modern medical curriculum. *Medical-Education, 37*, 368-375.

Greenberg, J. & Baron, R. A., 1999. *Behavior in Organizations: Understanding and managing the human side of work*. 7th ed., New Jersey: Prentice Hall.

Greenberger, D. B., Miceli, M. P. & Cohen, D., 1987. Oppositionists and group norms: The reciprocal influence of whistle-blowers and co-workers. *Journal of Business Ethics, 6*, 527-542.

Hamilton, D. L., Stroessner, S. J., & Mackie, D. M., 1993. The influence of affect on stereotyping: The case of illusory correlations. In D. M. Mackie & D. L. Hamilton (Eds.), *Affect, Cognition, and Stereotyping: Interactive processes in group perception*. (Pp.39-61). San diego, CA: Academic Press.

Harris, C. E., Pritchard, M. S., & Rabins, M. J., 1995. *Engineering Ethics: Concepts and cases.* Belmont, CA: Wadsworth Publishing.（日本技術士会（訳編）, 1998.『科学技術者の倫理—その考え方と事例』丸善.

Haslam, A. S., 2001. *Psychology in Organizations: The social identity approach.* London: Sage Publications Ltd.

Herzberg, F., 1966. *Work and the Nature of Man*. Cleveland: World Publishing Company.（北野利信（訳）. 1968.『仕事と人間性—動機づけ-衛生理論の新展開』東洋経済新報社.

広瀬幸雄, 1992.「環境問題に関連する消費行動の意思決定モデル—Fishbein &

Ajzen の 態度・行動モデルの再検討」心理学評論, *35*, 339-360.

Hirschman, A. O., 1970. *Exit, Voice, and Loyalty: Responses to decline in forms, organizations, and states*. Cambridge, Massachusetts: Harvard University Press.

本多－ハワード素子・王晋民, 2005.「内部告発行動の影響因の検討—告発した人としなかった人を分けた要因は何か」産業・組織心理学会第21回大会発表論文集.

本多－ハワード素子・岡本浩一・王晋民, 2005.「内部告発動機づけに影響を及ぼす要因の検討」日本社会心理学会第46回大会論文集.

井手亘, 2001.「満足感」高木修（監修）・田尾雅夫（編著）『シリーズ21世紀の社会心理学(2)組織行動の社会心理学』北大路書房.

今城周造, 1999.「コミットメント」中島義明・安藤清志・子安増生・坂野雄二・繁桝算男・立花政夫・箱田裕司（編集）『心理学辞典 CD-ROM版』有斐閣.

Isen, A. M., 1970. Success, failure, attention and reaction to others: The warm glow of success. *Journal of Personality and Social Psychology, 15*, 294-301.

Isen, A. M. & Baron, R. A., 1991. Positive affect as a factor in organizational behavior. In L. L. Cummings & B. M. Staw (Eds.), *Research in Organizational Behavior*, (Vol.13, 1-53), Greenwich, CT: JAI.

岩井克人, 2005.『会社は誰のものか』平凡社.

Johnson, C. E., Sellnow, T. L., Seeger, M. W., Barrett, M. S., & Hasbargen, K. C., 2004. Blowing the whistle on Fen-Phen: An exploration of MeritCare's reporting of linkages between Fen-Phen and valvular heart disease. *Journal of Business Communication, 41*, 350-369.

Jubb, P. B., 1999. Whistleblowing: A restrictive definition and interpretation, *Journal of Business Ethics, 21*(1), 77-94.

Kallgren, C. A., Reno, R. R., & Cialdini, R. B., 2000. A focus theory of normative conduct: When norms do and do not affect behavior. *Personality and Social Psychology Bulletin, 26*, 1002-1012.

鎌田晶子・上瀬由美子・宮本聡介, 2002.「組織風土と違反の容認（3）―因果モデルを用いた検討」産業組織心理学会第18回大会論文集.

鎌原雅彦・樋口一辰・清水直治, 1982.「Locus of Control 尺度の作成と，信頼性，妥当性の検討」教育心理学研究，*30*, 302-307.

上瀬由美子・鎌田晶子・宮本聡介・岡本浩一・下村英雄, 2002.「組織風土と違反の容認（2）―違反容認傾向と組織風土の関連」日本心理学会第66回大会発表論文集.

Keenan, J. P., 1990. Upper-level managers and whistleblowing: Determinants of perceptions of company encouragement and information about where to blow the whistle. *Journal of Business and Psychology, 5*, 223-235.

Keenan, J. P., 1995. Whistleblowing and the first-level manager: Determinants of feeling obliged to blow the whistle. *Journal of Social Behavior and Personality, 10*, 571-584.

Keenan, J. P., 2002. Whistleblowing: A study of managerial differences. *Employee Responsibilities and Rights Journal, 14*, 17-32.

Kets de Vries, M. F. R., 1995. *Life and Death in the Executive Fast Lane*. San Francisco, CA: Jossey-Bass Inc.（金井壽宏・岩坂彰（訳）, 1998.『会社の中の「困った人たち」－上司と部下の精神分析』創元社.）

Kohlberg, L., 1971. From is to ought: How to commit the naturalistic fallacy and get away with it in the study of moral development. In T. Mischel (ed.), *Cognitive Development and Epistemology*. New York: Academic Press.

Korsgaad, M. A., Roberson, L., & Rymph, R. D., 1998. What motivates fairness? The role of subordinate assertive behavior on managers' interactional fairness. *Journal of Applied Psychology, 83*, 731-744.

串岡弘昭, 2002.『ホイッスルブローアー＝内部告発者』桂書房.

Latané, B., 1983. The psychology of social impact. *American Psychologist, 36*, 343-356.

Lefcourt, H. M., 1991. Locus of control. In J. P. Robinson, P. R. Shaver, L. S. Wrightsman (Eds.), *Measures of Personality and Social Psychological Attitudes*.

(Vol.1, Pp.413-499), San Diego, CA: Academic Press.

Locke, E. A., 1976. The nature and causes of job satisfaction, in M.D. Dunnette (Ed.), *The Handbook of Industrial and Organizational Psychology*. Chicago: Rand McNally College Publishing.

Mainiero, L. A., 1986. Coping with powerlessness: The relationship of gender and job dependency to empowerment-strategy usage. *Administrative Science Quarterly, 31*, 633-653.

Manstead, A. S. R., & Hewstone, M., 1995. *The Blackwell Encyclopedia of Social Psychology*. Cambridge, MA: Blackwell.

Miceli, M. P. & Near, J. P., 1988. Individual and situational correlates of whistle-Blowing. *Personnel Psychology, 41*(2), 267-281.

Miceli, M. P., & Near, J. P., 1989. The incidence of wrongdoing, whistle-blowing, and retaliation: Results of a naturally occurring field experiment. *Employee Responsibilities and Rights Journal, 2*, 91-108.

Miceli, M. P., Dozier, J. B., & Near, J. P., 1991. Blowing the whistle on data fudging: A controlled field experiment. *Journal of Applied Social Psychology, 21*, 271-295.

Miceli, M. P. & Near, J. P., 1985. Characteristics of organizational climate and perceived wrongdoing associated with whistle-blowing decisions. *Personnel Psychology, 38*, 525-544.

Miceli, M. P. & Near, J. P., 1992. Situational variables affecting the whistle-blowing decision: A review of the literature. *Advances in Management Accounting, 1*, 109-139.

Miceli, M. P. & Near, J. P., 1994. Relationships among value congruence, perceived victimization and retaliation against whistle-blowers. *Journal of Management, 20*, 773-794.

Miceli, M. P. & Near, J. P., 1997. Whistle-blowing as antisocial behavior. In R. A. Giacalone & J. Greenberg (Eds.), *Antisocial Behavior in Organizations*. California: Sage Publications.

Miceli, M. P. & Near, J. P., 2002. What makes whistle-blowers effective: Three field studies. *Human Relations, 55*, 4, 455-479.

Miceli, M. P., Rehg, M., Near, J. P., & Ryan, K. C., 1999. Can laws protect whistle-blowers? Results of a naturally occurring field experiment. *Work and Occupations, 26*, 1, 129-151.

Miceli, M. P., Van Scotter, J. R., Near, J. P., & Rehg, M. T., 2001. Responses to Perceived organizational wrongdoing: Do perceiver characteristics matter? In J. M. Darley, D. M. Messick, & T. R. Tyler (Eds.), *Social Influences on Ethical Behavior in Organizations*. Mahwah, N.J.: Lawrence Erlbaum Associates.

Miethe, T. D. & Rothschild, J., 1994. Whistleblowing and the control of organizational misconduct. *Sociological Inquiry, 64*, 322-347.

Miethe, T. D., 1999. *Whistleblowing at Work: Tough choices in exposing fraud, waste, and abuse on the job*. Oxford: Westview Press.

Milgram, S., 1963. Behavioral study of obedience. *Journal of Abnormal and Social Psychology, 67*, 371-378.

Milliken, F. J., Morrison, E. W. & Hewlin, P. F., 2003. An exploratory study of employee silence: Issues that employees don't communicate upward and why. *Journal of Management Studies, 40*, 1453-1476.

宮本一子, 2002.『内部告発の時代—組織への忠誠か社会主義か』花伝社.

Morrison, E. W. & Milliken, F. J., 2000. Organizational silence: A barrier to change and development in a pluralistic world. *Academy of Management Review, 25*, 706-725.

Moscovici, S., 1976. *Social Influence and Social Change*. London: Academic Press.

Mowday, R. T., Steers, R. M., & Porter, L. W., 1979. The measurement of organizational commitment. *Journal of Vocational Behavior, 14*, 224-247.

内閣府国民生活局, 2002.「公益通報者保護制度に関する企業へのアンケート調査」

成田健一・下仲順子・中里克治・河合千恵子・佐藤眞一・長田由紀子, 1995.「特性的自己効力感尺度の検討—生涯発達的利用の可能性を探る」教育心理

学研究, *43*, 306-314.

Near, J. P., & Miceli, M. P., 1985. Organizational dissidence: The case of whistle-blowing, *Journal of Business Ethics, 4*, 1-16.

Near, J. P., & Miceli, M. P., 1986. Retaliation against whistle-blowers: Predictors and effects. *Journal of Applied Psychology, 71*, 137-145.

Near, J. P. & Miceli, M. P., 1987. Whistleblowers in organizations: Dissidents or reformers? In M. S. Barry & L. L. Cummings (Eds.), *Research in Organizational Behaviour*, Greenwich CN: JAI Press.

Near, J. P. & Miceli, M. P., 1996. Whistle-blowing: Myth and reality. *Journal of Management, 22*(3), 507-526.

Near, J. P., & Miceli, M. P., 1995. Effective whistle-blowing. *Academy of Management Review, 20*, 679-708.

新村出（編）, 1998.『広辞苑』（第5版）, 岩波書店.

二宮克美, 1999.「道徳性」中島義明・安藤清志・子安増生・坂野雄二・繁桝算男・立花政夫・箱田裕司（編）『心理学辞典 CD-ROM版』有斐閣.

野村旗守, 2003.「雪印食品・牛肉偽装」『ドキュメント！　内部告発』別冊宝島 Real*042*, 1-29, 宝島社.

O'Reilly, C. & Chatman, J., 1986. Organizational commitment and psychological attachment: The effects of compliance, identification, and internalization on prosocial behavior. *Journal of Applied Psychology, 71*, 492-499.

大渕憲一, 2001.「攻撃行動」高木修（監修）, 土田昭司（編）『シリーズ21世紀の社会心理学（1）対人行動の社会心理学人と人との間のこころと行動』Pp.82-91. 北大路書房.

岡本浩一, 1986.『社会心理学ショート・ショート—実験でとく心の謎』新曜社.

岡本浩一, 2001.『無責任の構造—モラル・ハザードへの知的戦略』PHP研究所.

岡本浩一・鎌田晶子, 2006.『組織の社会技術3　属人思考の心理学—組織風土改善の社会技術』新曜社.

奥田太郎, 2002.「ホイッスルブローイングの何が問題なのか—哲学的ホイッスルブローイング論の試み」情報倫理学研究資料集IV（「情報倫理の構築」プ

ロジェクト), 113-125.

奥田太郎, 2004.「内部告発—秘密と公開の倫理」田中朋弘・柘植尚則（編）『ビジネス倫理学—哲学的アプローチ』第7章, Pp.174-201. ナカニシヤ出版.

奥山俊宏, 2004.『内部告発の力—公益通報者保護法は何を守るのか』現代人文社.

大小原公隆, 1999.『裏切り—野村證券告発』読売新聞社.

太田さとし, 2002.『内部告発マニュアル』ビジネス社.

大内信哉・小島浩・男澤才樹・竹地潔・國武英生, 2004.『コンプライアンスと内部告発』日本労務研究会.

Parmerlee, M. A., Near, J. P., & Jensen, T. C., 1982. Correlates of whistle-blowers' perceptions of organizational retaliation. *Administrative Science Quarterly, 27*, 17-34.

Peters, T. J. & Waterman, R. H., Jr., 1982. *In Search of Excellence: Lessons from America's best-run companies*. New York: Harper & Row. (大前研一（訳）, 2003.『エクセレント・カンパニー』英治出版.

Pfeffer, J. & Salancik, G. R., 1978. *The External Control of Organizations*. New York: Harper & Row.

Piaget, J., 1932. *The Moral Judgment of the Child*. London: Routledge & Kegan Paul. (大伴茂（訳）, 1954.『児童道徳判断の発達』臨床児童心理学Ⅲ, 同文書院.)

Porter, L. W., Steers, R. M., Mowday, R. T., & Boulian, P. V., 1974. Organizational commitment, job satisfaction, and turnover among psychiatric technicians. *Journal of Applied Psychology, 59*, 603-609.

Project on Government Oversight (POGO), Government Accountability Project (GAP), & Public Employees for Environmental Responsibility (PEER), 2002. The art of anonymous activism: Serving the public while surviving public service.

Randall, D. M., 1987. Commitment and the organization: The organization man revisited. *Academy of Management Review, 12*, 460-471.

Rennie, S. C. & Crosby, J. R., 2002. Students' perceptions of whistle blowing: Implications for self-regulation. A questionnaire and focus group survey. *Medical Education, 36*, 173-179.

Rest, J., 1979. *Development in Judging Moral Issues*. Minneapolis: University of Minnesota Press.

Ross, L., 1977. The intuitive psychologist and his shortcomings: Distortions in the attribution process. In L. Berkovitz (Ed.), *Advances in Experimental Social Psychology*. Vol.10 (Pp.173-220), Academic Press.

Rothschild, J. & Miethe, T. D., 1999. Whistle-blower disclosures and management retaliation. *Work and Occupations, 26*, 107-128.

Rotter, J. B., 1966. *Generalized Expectancies for Internal versus External Control of Reinforcement. Psychological Monographs, 80.*

Rutkowski, G. K., Guinder, C. L., & Romer, D., 1983. Group cohesiveness, social norms, and bystander intervention. *Journal of Personality and Social Psychology, 44*, 545-552.

Schein, E. H., 1985. *Organizational Culture and Leadership*. California: Jossey-Bass Inc., Publishers.（清水紀彦・浜田幸雄（訳）『組織文化とリーダーシップ』ダイヤモンド社.）

Siegel, P. A., & Brockner, J., 2005. Individual and organizational consequences of CEO claimed handicapping: What's good for the CEO may not be so good for the firm. *Organizational Behavior and Human Decision Processes, 96*, 1-22.

Sims, R. L. & Keenan, J. P., 1998. Predictors of external whistleblowing: Organizational and interpersonal variables. *Journal of Business Ethics, 17*, 411-421.

Somers, M. & Casal, J. D., 1994. Organizational commitment and whistle-blowing: A test lf the reformer and the organization man hypothesis. *Group & Organization Management, 19*, 270-284.

Staw, B. M., & Ross J., 1985. Stability in the midst of change: A dispositional approach to job attitudes. *Journal of Applied Psychology, 70*, 469-480.

杉本泰治・高城重厚, 2001.『大学講義　技術者の倫理入門』丸善.
高巌・稲津耕・國廣正,　2001.『入門マネジメント&ストラテジー　よくわかるコンプライアンス経営』日本実業出版社.
高木修, 1998.『人を助ける心—援助行動の社会心理学』セレクション社会心理学 (7), サイエンス社.
田中宏司, 1998.『コンプライアンス経営倫理綱領の策定と実践』生産性出版.
田尾雅夫, 1993.『組織の心理学』有斐閣.
田尾雅夫, 1999.『組織の心理学』(新版) 有斐閣.
田尾雅夫 (編), 1997.『「会社人間」の研究』京都大学学術出版会.
Tavakoli, A. A., Keenan, J. P., & Crnjak-Karanovic, B., 2003. Culture and whistle-blowing: An empirical study of Croatian and United States managers utilizing Hofstede's cultural dimensions. *Journal of Business Ethics, 43*, 49-64.
Taylor, S. E., & Brown, J. D., 1994. Positive illusions and well-being revisited: Separating fact from fiction. *Psychological Bulletin, 116*, 21-27.
TIME Dec. 30, 2002 - Jan. 6, 2003. Special Double Issue.
Van Scotter, J. R. & Motowidlo, S. J., 1996. Interpersonal facilitation and job dedication as separate facets of contextual performance. *Journal of Applied Psychology, 81*, 525-531.
Wallace, P., 1999. *The Psychology of the Internet*. Cambridge, UK: Cambridge University Press. (川浦康至・貝塚 泉 (訳), 2001.『インターネットの心理学』NTT出版.
王晋民・宮本聡介・今野裕之・岡本浩一, 2003a.「社会心理学の観点から見た内部告発」社会技術研究論文集, *1*, 268-277.
王晋民・宮本聡介・今野裕之・岡本浩一, 2003b.「内部告発に対する態度と行動 (1)—内部告発に対する態度と心理特性との関係」日本心理学会第67回年次大会発表論文集.
王晋民・宮本聡介・今野裕之・岡本浩一, 2003c.「内部告発に対する態度と行動 (2)—組織コミットメント・職業満足感との関係」産業・組織心理学会第19回大会発表論文集.

王晋民・宮本聡介・今野裕之・岡本浩一, 2004.「内部告発者保護法に対する態度と個人特性」社会技術研究論文集, *2*, 343-352.

Woodward, B., 2005. *The Secret Man: The story of Watergate's Deep Throat*. New York: Simon & Schuster.（伏見威蕃（訳）, 2005.『ディープ・スロート――大統領を葬った男』文藝春秋社.）

山口勧, 1980.「恐怖喚起と匿名性が攻撃行動に与える影響について」実験社会心理学研究, *20*, 1-8.